答案

Answer

生命隨心轉

林幸惠◎著

答案—生命隨心轉

目次

〔自序〕

只緣身在快樂工場中

年輕時，常幻想這世上有沒有一個工場，可以打碎煩惱，不停地製造快樂？有沒有一種企業，可以生產快樂、行銷快樂？每當這樣思索時，大嬸婆就會吭聲，打斷我的遐思：「那是神話的夢境——命不好的人，妳叫他怎麼去快樂呀？三餐都不繼的人，也買不起快樂的。這一行注定滯銷，工場肯定倒閉！」

某次，到美國參加同學會，我真的在一位同學身上發現了這樣的「神話」。聽說她失婚、失業又負債，為了不想看到同情的眼光，或者身陷在羨慕別人的情境中，多年來她從不出席同學會。今年，她居然出現了，而且神采奕奕，美麗很多。同學們紛紛耳語著：「一定是她的環境改善了！」

當她主動過來和我握手招呼時，我忍不住問起她的近況，她笑得很燦爛：「你們一定以為我的命運轉好了，其實我一樣未再婚，也還沒有找到合適的工作。但是，我去上了一個成長課程後，思考模式改變了，尤其在我每天認真地執行備忘錄上的每一條守則之後，事情也愈來愈順利了。因為思想轉、心喜悅，環境也就轉變了。」她的話，讓我從記憶底層湧現出夢想中的「快樂工場」景象。我趕緊問她：「可否透露一下上課內容？」她神祕地一笑：「這可是花了許多學費學來的哦！不過，為了『日行一善』，可以讓妳過目。」

她小筆記本上的「快樂備忘錄」，工工整整地寫了十項守則：

一、看見人要微笑打招呼，熟識者要擁抱對方

二、關懷、問候對方

三、每天感謝周遭的人事物

四、轉化負面情緒為積極思考

五、不看負面的資訊媒體

六、察覺所發生事件的正面意義

七、吃清淡食物

八、每天做一件好事

九、每天告訴自己是最棒最好的

十、參加一個有益身心的團體

她熱心地為我解釋每一條定義，其中有「知足」、「感恩」、「行善」、「正知」、「正見」。好熟的名辭，這不就是慈濟的「四神湯」與「微笑面霜」，還有八正道嗎？我本想再繼續追問上課地點，繼而一想，天地雖大，卻複製著同樣的程式。原來，我已身在其中，何必多問呢！當下，我重新思索了幻想中的「快樂工場」，肯定地對她說：「其實妳可以不必花錢去學這些課程的，妳瞧！我是『慈濟快樂工場』免費打造出來的，雖然自己還不算頂好，但已經很滿意了。」我也打算回家告訴大嬸婆，原來我生活在快樂工場裡已經好幾年，而且，這座工場經營快樂，已將近四十年了，不曾倒閉，也沒滯銷過！

這個快樂工場的創辦人是一位在台灣出家的法師——證嚴法師，他帶領七、八百萬位志工，心手相連，走出新世界，營造各地快樂的園區。他既不是神話、也不算奇蹟，可是他盡心盡力地為全球人類拔苦，為人們解憂，像奇蹟般，獨樹一幟，無與倫比，現在，慈濟基金會已成為中國歷代以來志工人數最多，救濟行善次數最多，跨越最多國界的團體。

學習一種寬厚的胸襟

而我自己加入慈濟志業團體，轉眼間已逾十五年，天天享受快樂的課程，從未間斷。

起初，我的家族中仍有些人抱持保留態度，就連已經好幾年沒見面的表哥一聽到我加入慈濟，專程跨海詢問。有一次他突然從美國來電，很慎重地說：「幸惠，我想向妳借一樣東西。」這麼久沒連絡，一開口就要借東西，聽起來讓人有點兒不安。他聽我未答腔，馬上換了口氣：「安啦！安啦！不是借錢啦，」笑一笑又接著說：「是想向妳借快樂，聽說妳做慈濟很快樂，可否借我一些快樂？」我噗嗤地笑了出來，他的老毛病還是沒改，一樣語不驚人死不休！

「好吧！你不想做慈濟，只借快樂？請問何事不樂？」

「沒事可讓我樂的，每天為了三餐拚命賺錢，只夠一家糊口，除了睡覺就是吃飯，也沒指望養兒日後可防老，又沒什麼朋友，這兩天我想通了，想去買個墓地，免得以後漲價了，連葬身之地都沒有，這樣安排人生，是否有點消極呢？」

「原來你想把辛苦賺來的錢，花在無聊的事情上，花在沒用的臭皮囊上。」

「什麼是臭皮囊？」

「你的『金身』呀！你不覺得吃得再好，出來也是臭的，噴得再香，沒一會兒就臭了？而且這個臭皮囊，遲早是要壞的，就像消耗品一樣，你要用錢把廢棄物保存起來？還有比這更無聊的嗎？把有用的錢花在沒用的東西上。」

「那妳打算怎麼做？」

「捐給醫院或給學生當實習用。」

「喲，妳還真瀟灑，原來妳的快樂來自瀟灑。」

「不盡然，快樂是要付出的，不信，你想想看，從小父母付出愛給我們，你現在付出愛給小孩，哪一種比較快樂？」

「當然付出愛給孩子較快樂。」

「所以我們付出給人快樂，自己才會快樂。」

「耶？這很難懂啦！那些大富豪一擲千金，只為自己的慾望，想要的都可買下，想吃的也都能吃到，這樣不也很快樂嗎？雖然我沒能力，但很羨慕那種快樂的。」

「那是感官的快樂，很短暫的，馬上就會消失，舌頭的感覺過後，就是心靈的感覺了，心情不好時，什麼山珍海味都不覺得好吃是吧？所以心靈的快樂才是真正的快樂。許多富甲一方的官宦人家，他們的煩惱並不比貧民少，所以快樂並不在於擁有的多，而是付出的多，計較的少。」

「聽起來滿有道理，依妳看，像我如此平凡的小人物，如何去尋找快樂？」

「廣結好緣呀，增上緣。有錢出錢，有力出力，多幫助一些需要幫助的人，讓人有所得，才會快樂。」

「妳們做慈濟，也許天生就有兩個心臟，比別人多了一顆善心。」

「耶，這麼說，難怪我們都要『開心』才能過活囉？」「因為人生太無常，時間也無法儲存，我們只能利用有限的時間，讓這臭皮囊發揮最大功能，在慈濟學習無所求的付出，快樂就會來報到。」

這位來電詢問的瑞宏表哥去年也開始加入慈濟，現在已授證慈誠，表嫂是培訓委員，孩子都是慈濟的快樂志工。他生活上的喜悅，和昔日相比，筆墨實在難以形容。我非常確定：證嚴法師所領導的慈濟志工，他們的生活理念和工作方式，都在學習一種寬厚的胸襟，以佛心為己心，以師志為己志，努力執行證嚴法師的三願：願人心淨化、社會祥和、天下無災難。

第 1 章。人生悔恨最痛

在異鄉遊子的睡夢中，看見世上最美的笑容，

深深的皺紋是愛的痕跡，

溫暖的手心撫摸著受傷的我，

在慢慢成長的歲月裡，總是辜負了你的叮嚀，

而你的寬容像大海一樣，

任由我乘風又破浪追逐理想。

——《最美的笑容》李子恆作詞

日本有一位名校畢業生，去一家公司應徵，社長審視他的臉許久，突然問他：「你替父母洗過澡、擦過身嗎？」「從來沒有，」年輕人很老實地回答。「那麼替父母捶過背嗎？」年輕人想了想：「有過，那是讀小學的時候，那次母親還給了我十塊錢。」交談中，社長只是安慰他別灰心，會有希望錄取的。臨走時，社長交代他說：「明天這個時候，請你再來一次，不過有一個條件，希望再見面之前，你一定要爲父母擦洗一次，能做到嗎？」年輕人一口答應了。

年輕人雖然是知名大學畢業，但他父親早逝，家境貧寒，寡母一人辛苦養家，爲了培育孩子念完學費昂貴的東京私立名校，直至今日，還在爲人幫傭。年輕人到家時，母親尚未回來，他想，母親出門在外，腳一定很髒，他決定替母親洗腳。母親回來後，見兒子要替他洗腳，很訝異，「我還洗得動腳，我自己來吧！」

年輕人說明自己必須替母親洗腳的原委，母親理解了，便坐下來，把腳伸進水盆裡，年輕人右手拿著毛巾，左手去握母親的腳，這才發現母親的那雙腳已經像木棒般僵硬，不由得百感交集，潸然淚下！讀書時，他毫無知覺地花著母親如期送來的學費和零用錢，現在他才體會到，那是母親的血汗。

第二天，年輕人依約去了那家公司，對社長說：「現在我才知道母親爲我受了很大的苦，你使我體會了在學校裡沒有學過的課程，謝謝社長，如果不是你，我從來沒握過母親的腳，我只有母親一個親人，我要好好照顧她，再也不讓她受苦了。」社長點點頭說：「明天你到公司來上班吧。」

爲人子女者徒有孝心是不夠的，必須要有孝行，韓詩外傳言：「樹欲靜而風不止，子欲養而親不待。」所以孝順要及時。

等待離岸的風帆

假定有一種呼喚，讓遊子的心回航靠岸，那一定是夜以繼日，帶著無邊的記憶和等待。只因迷航的風帆，被擱淺在欲望包圍的小島，無法回航。

每次讀到那位患有閉鎖症候群的Jean-Dominique Baudy，用眨眼皮的方式寫出《潛水鐘與蝴蝶》這本動人的書，述說他由一位意氣風發的父親，突然患急症，萎縮地躺在床上，像個需要別人包尿布、餵食照顧的嬰兒；當他的孩子把他的頭抱在臂彎，在額頭上滋滋地親著，不斷地說：「這是我爹地，這是我爹地！」時，我不禁眼眶濕潤起來。我相信，唯有這種幸福甜蜜的感覺，是支持孤獨無助的風帆得以靠岸的力量；是他僅存生命中唯一的安慰。

有人說：「上帝因爲沒有時間照顧每一個人，所以請來父母代爲照顧每一個孩子。」上帝還幫孩子們申請了永久居留權，居留在父母心靈的國度裡。於是脆弱的生命，在溫暖的雙臂之間穩住了。但是善忘的人性本質，像是出軌的種子，讓母親的淚水和父親的等待，交織成一座等待的孤島。

前幾年，母親病危，我們六個兄弟姊妹都放下了忙碌的事業和家庭趕去洛杉磯，日夜不停地陪伴著母親，但家裡的歐巴桑卻說：「平常你們都沒時間陪媽媽，怎麼她一生病，大家都有時間了呢？」是啊！時間不是一樣在過嗎？怎麼有差別了呢？爲什麼不在健康時多陪陪她呢？

後來在母親昏迷的過程中，我感覺到她每天隱約還是等待孩子們的到來。事業忙碌的大弟痛心地說：「母親給我們都是最優先、最好的，我們卻沒有回饋母親那一點點的等待。」那樣的遺憾，成爲一個小黑點，無法遺忘地烙在心底。就像出航後，失去蹤影的風帆，讓人不安地留下餘影，永遠無法忘懷。

聽說孩子忽略了親情，父母就會變小，甚至消失不在。我惶惶然，趕緊靠近昏迷母親的耳邊，輕輕地說：「對不起，以前沒有好好陪伴妳，謝謝媽媽，給我這麼多的愛，我會把這份愛化成人間的大愛，讓它永遠都在。」

可惜媽媽已不在。

無常迅速，生命的變數本來就不在我們手中掌握，若能每天以五分鐘電話的問候，或是晚餐的陪伴，來回應父母親的等待，那麼在生命源頭所湧出生生不息的愛，會讓大地回春，溫馨滿懷，快樂常在。

人生悔恨最痛

我有一位同學是家中的獨子，二十年前父母賣掉家園，供他赴美求學。不久，父病母逝，他卻無法回家照顧及奔喪，因爲他正申請美國的永久居留權，不能離境。

當時，他安慰自己：「我既不能代替父親生病，也救不回逝去的母親，回家亦是枉然。」於是拜託遠親近鄰幫他把母親埋葬了。

如今，他的兒女長大，遠離他鄉。他因感悟而落淚：「原來父母需要的並不是替他生病，而只是陪伴、安心而已。如果時間可以重來，我將……。」但生命往往來不及意會，事情就已經發生；來不及重頭，人就已老去。

暑假時，我遇到一位朋友的孩子，十五歲，在慈濟醫院學習當志工，他在病房看到一位老人無親人照顧，於是靠近問他，有什麼可以幫忙，老人說他很想喝甘蔗汁。有人告訴他，在醫院右方五百公尺處買得到甘蔗汁，他跑出醫院後，卻發現什麼都沒有。另一個人告訴他，是在醫院左方五百公尺才有，他又向左方跑五百公尺，看見賣甘蔗汁的已經收攤了，他很沮喪地回到老人病房，向老人抱歉，老人安慰他說沒關係，這樣爲我奔走我已經很感激了。於是，他想起家裡的阿嬤，每次阿嬤叫他下樓去買瓶醬油或胡椒粉，他都很不情願，一定得把電腦玩得過癮，才願下樓。前幾天阿嬤生病了，他沒進房間探望她，一回到家就只顧玩電腦。他覺得很慚愧，爲什麼愈是我們親近的人，愈容易疏忽他們的感受，也容易在不自覺中傷害他們。他說這次最大的志工學習，是親情的學習。

因爲當志工而得到學習的例子實在很多，就像我的表嫂是全村裡最受爭議的惡媳婦，她會當眾潑婦罵街，罵到村子裡的人要娶媳婦都以她的缺點爲借鏡。但自從她當了志工，親身參與訪貧、勸募等工作，幾年後她的聲色柔和許多，前年開始她說公婆是她的會員，照顧及關懷是她的責任，今年她成了村子裡最孝順的媳婦了。前後花了七年終於學習到孝道，還好猶未晚，因爲父母都還健在。

做父母安心的事

有位孩子想學潛水，母親認為太危險而不允許，孩子很憤怒地說：「我是用自己工讀的錢去學的，為什麼不可以？反正，我做什麼她都反對，以後不告訴她了，我愛做什麼，就做什麼！」

霎時，我感到驚疑，雷霆與雨露一樣是天心，我該如何用懿德的愛去詮釋母親的愛？於是，搭機來到花蓮，在星空下與孩子並肩促膝而坐，談論著我看到的所有母親的世界，以及她們的擔憂和牽掛。

「也許，妳可以幫助母親，做些讓她安心的事。」最後，她同意：「只有自己努力表現，讓母親信任我已夠成熟，可以照顧自己時，再參加吧！」

望著繁星閃爍，我深切地感受到，生命最內在的本質是可以相通的；不同的樹都站立在相同的夜裡，同一法界同一體，這是生命的眞實面貌啊！眞實不虛。每個孩子都是母親心中最在意的一顆星，有母親呵護的孩子，多麼幸福！

我們接受了天地多少陽光、雨露的恩惠，才成長到今天的模樣，所以報答老天的唯一方法，就是好好活下去！如果能了解自己的品質，就不會叫百合羨慕玫瑰，即使是一株花草，也可以盡力把花兒開得更好。只要是盡己所能地付出，就沒有浪費陽光和雨水，也不枉此生了。但是，花兒最後能不能盛開，關鍵都在於萌芽、成長階段的努力啊！

第 2 章。無所求的付出

想個理由幫助別人，

而且真要做些什麼，

一定要及時，

否則等到機緣已失，

再多的關懷，再多的遺憾，

都顯得沒麼意義。

再次參加中學的同學會，有一半的同學我已經忘了他們的名字，有一半已記不起臉孔，卻有一位同學大家永遠記得住，因爲她出身官宦家庭，來去學校有司機接送，而且常常帶著我們起鬨。

結婚後，聽說她還是過著很優渥的生活，有一次在鞋店裡遇到她，看她出手大方，同一款式的義大利進口鞋子，所有的顏色全買下來，她說這樣就不必費思量了，讓我很羨慕。幾年後，有一回爲了土耳其賑災，向她募款，當時她正在牌桌上，她一邊掏出身上的零錢，一邊說，贏了錢會再多捐點。後來，就突然失去連絡。

有一天，接到她的家人通知，說她已病危。世事雖無常，但她的變化未免太大，才短短幾年沒見面，就聽說她遭遇婚變、破產，又發現是癌症末期，令人難以相信，眞不忍心看到，所有惡劣的狀況幾乎同時降臨於她。

我趕到醫院探視，她認出我來，以微弱的聲音說：「感謝妳曾經讓我做過一件好事，現在的我已沒錢、沒能力了。」當下我難過地飲泣，很後悔沒有認眞地去找她出來，否則她一定可以發揮更多功能，行更多善，種更大的福田。

進入慈濟最大的心靈體驗，便是只要善念被啓發，就能付出，只要能及時發揮良能，一切都能改觀的。簡春梅的故事是最好的明證。

偶遇變成人生轉捩點

一位慈濟人在公車上看見一位面貌幾乎全毀的女孩，從外表可以知道女孩非常自卑，一路上頭低低的不願抬起。當下她鼓起勇氣上前與女孩交談，在談話的過程中，她感覺到女孩的心過得好苦，才明白原來女孩因爲遭不明人士潑硫酸，才導致面部嚴重灼傷，這位慈濟人爲了希望女孩可以重新出發，她建議女孩去做整形手術，如果沒有可以移植的正常完好的皮膚，她願意無條件將她自己部分的皮膚捐給她。

這位甫經歷失婚而又橫遭意外的女孩，怎麼想也想不到，在自己進入人生最悲慘境地之時，路上偶遇的師姐竟變成她一生中最大的貴人，眼前的這位師姐與她非親非故，卻這麼毫無保留的幫助她，從此也改變她往後的生活，這背後的力量與信心究竟是什麼？這個故事的情節發展是，師姐將自己身上的部分皮膚捐給女孩。女孩因此進入慈濟，影響了許多人，而這個行善的故事還一直不斷的被傳誦著。

背負母親的孝行

幾年前，我住的大廈發生火警，有一位年輕醫生揹著他的母親逃生，並將唯一的濕毛巾給了他母親，最後他自己因吸入了大量濃煙而喪生。這位母親傷心欲絕，兒子是爲了救她而往生的，這樣殘酷的事實，如何能接受？自己如何能獨活？親朋好友們都來慰問，其中還有人勸她說：「你兒子被火燒是枉死，要入枉死城被鞭打。你是他的母親，你哭一次，他就會被狠狠的打一次，所以你不能再哭，免得他再挨打。」這樣的勸慰，讓人聽起來恐懼難安，母親的心更加痛楚：「即使不哭，他還是在枉死城受難啊！都是爲了我啊！」

因爲聽了這樣的故事，我決定去探望那位母親，當我和勝勝師姐、盧瑢師姐、濟弘師兄一起到醫院探望時，她的先生說，他太太現在是全世界最痛苦的人，幾乎活不下去，不歡迎我們做一般的慰問。經過誠懇的溝通，同時表明身分，我們是慈濟的委員，也是他們的鄰居，知道他太太的痛苦，希望可以幫上一點忙，減輕她的心痛。

後來與那位母親見到面了，她告訴我們她不想活；老天爲什麼懲罰善良的年輕人，而不是處死老人？勝勝師姐安慰她：其實兒子出生時，就已決定了這一刻離開，他是善終，用孝行來走最後這一段路，功德福報相當大，是妳成就了他！死有輕如鴻毛，重於泰山，妳成就了他的功德，他應該享受很大的人天福報。

或許兒子唯一的缺憾是讓母親傷心難過，妳愈傷心，他愈無法安心的離開。就像破碎的風箏被緊緊地拉住，何不放手讓它海闊天空。你們母子的角色契約既滿，就該放心讓他去享受另一世界的人天福報。同行的師姐舉了許多例子，反覆說明了證嚴法師對生死的觀點。

那位母親終於平靜下來，點頭說：「我聽進去了，謝謝！我知道該替他做更多的好事，才能延續他善良的精神。我不該想要輕生，而折煞他的福報。」

還好因想幫助她不再痛苦的簡單行動，解決了她的生死困境，我們都鬆了一口氣，因爲及時點亮了黑暗的心燈。

善行照亮柬埔寨

在一次柬埔寨賑災中，有一位當地中文學校的老師擔任我們的翻譯志工，偶然提起了她悲慘的往事。她的姐夫是從台灣過去留學的，政府撤回外交前，曾三次安排他們返台，但是姐姐割捨不下父母、姐妹親情，而且認爲柬埔寨是魚米之鄉，應該不須愁吃憂喝，於是決定留了下來。沒想到，江山易變，福禍無常。在最困頓的時期，姐夫認爲孩子成長需要溫飽，將僅有的米糠儘量留給孩子吃，自己外出工作，就這樣客死異鄉。姐姐爲此痛不欲生，在無盡期的哀傷中度日。

有一天姐姐將孩子交代給她，想要自我了斷。還好，她機警的哭勸姐姐：「妳的孩子自己都不要，爲什麼我要？我也不要呀！」於是兩姐妹相擁而泣。她懷疑，難道生命只是一連串悲苦的過程嗎？世界只是了無生趣的漫漫長夜嗎？之後，她選擇拚命的教書、工作，來麻醉自己，以求解脫。在烽火戰亂中，她收留了幾位華裔孤兒，這些孩子們連自己的華語姓氏都不知道。她愈發感覺自己責任重大，她下定決心，發揮所長，讓中華文化傳承下來。當時華語被禁用，物質嚴重缺乏，沒有課本，她只好一本本手抄給孩子閱讀，冒著被官方處罰的生命危險，一年一年的教下去。她的學生後來個個華語流利，是她的最大安慰。看到周圍人性的麻木與殘酷，她教導學生把零用錢點滴存起來，以幫助鄰村的災民。雖然窮困的生活積存有限，但是她想教孩子學會做幫助別人的人，希望能尋回那消失已久的愛的能力。

有一次，她的摩托車不見了，這讓她非常傷心，因爲在那樣艱苦環境裡，那是她所有的、唯一的行動工具，孩子們知道了之後，安慰她說：「老師沒關係，我們存了一點錢，妳可以拿去買一台摩托車。」天眞的孩子哪裡知道，那些錢可能連一顆輪胎都買不到。儘管如此，她非常慶幸，及早教會孩子們行善，讓她得到了人性最珍貴的善意回饋。

「善念共聚，地方吉祥」，或許像那位中文老師般，行善能影響更多人，埋下更多的善種，那麼一定有機會讓苦難的柬埔寨浴火重生，一燈點亮一燈，千萬明燈散出耀眼光芒。

無所求的付出

在一個深夜，學校的懿德孩子打電話給我，告訴我遇上感情的挫折，她用哽咽的聲音娓娓傾訴著愛情的灰燼。「我已經決定不再相信愛情了，我要好好讀書了。媽媽，還是妳對我最好，而且只有妳對我的愛不會變，我好想念妳，非常想念妳跟我們相聚的一切，好美的時光，媽媽，妳可以早點來看我嗎？我很需要妳，我很愛妳，我這一生永遠的媽媽……。」

聽到孩子這樣渴求愛的聲音，很是感動，雖然五十多歲了，心情上應該是很難再被什麼東西悸動的。但是毫不猶疑，我搭上飛機，想趕緊去擁抱心靈受傷的孩子。我想她一定很高興，看到我這麼快就來了。沒料到，看不到期待中的表情：「媽媽，我們又和好了，他今天約我出去，我得早點沐浴，把功課趕完，所以，不能陪妳啦！」

「沒關係，只要看到妳快樂的樣子，我就放心了。」

她一溜煙就不見蹤影了，留下略感失望的我，想起上人說：「保持平常心，才是最自在、最快樂的心。」感情道上，永遠沒有完全成熟的人，愛情永遠難以捉摸，漂泊不定。我想，只要讓她知道，當她需要的時候，我永遠都在，這樣無所求的努力，一定可以將焦慮和無奈昇華，而學習到輕安自在的一課。

在承諾和回憶統統風化以前，只要還有愛，世界盡頭未必是一座冷漠的牆，而是一雙頻頻回首的雙眸，它會改變時間直線行徑，峰迴路轉地讓創傷的心靈，得到安住。

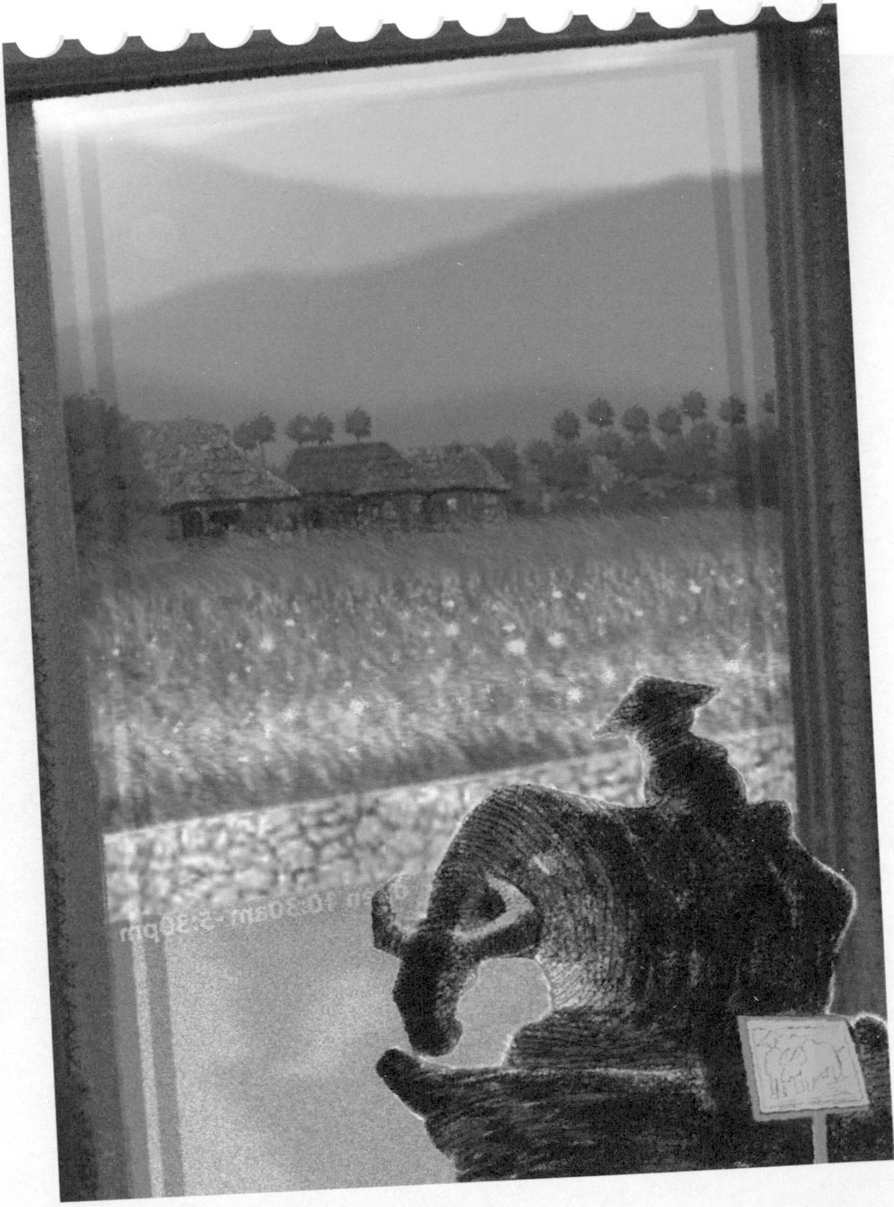
10:30am-5:30pm

第 3 章。錯過了就錯過了

感恩傷害你的人，因為他磨練你的心志。

感恩絆倒你的人，因為他強化你的雙腿。

感恩欺騙你的人，因為他增進你的智慧。

感恩蔑視你的人，因為他醒覺你的自尊。

感恩遺棄你的人，因為他教會了你獨立。

學會感恩，因為感恩會使你成長。

有位老人從年少時就牽著一頭小牛出外吃草，當他成長為年輕力壯的青年時，小牛也長大強壯了，於是他天天牽著這頭牛下田耕作，人很認眞，牛也很努力，所以每年都豐收，累積不少積蓄將兒子栽培到大學畢業。

社會不斷轉變，老人的土地變得很有商業價值，用不著耕田了，但他還是繼續養這頭牛，每天牽著牛到草地悠哉遊哉地吃草。

老人的身體一天比一天衰弱，他愈來愈擔心——擔心的不是產業，而是這頭牛。這頭牛跟著他辛苦一輩子，如果他走了，子孫不一定願意繼續照顧牠。他到動物園和工作人員交涉，將這頭牛送給動物園，還每個月付錢給他們，讓這頭牛能安穩終老，如此他才安下心來。

這頭牛固然幫老人賺了很多錢，但重要的是，老人知恩圖報，這才是眞的有人性，也才能說人是眞正的萬物之靈。人若不知恩回報，是很可恥的事。

錯過了就錯過了

然而，明白知恩圖報的道理還不夠，感恩回報更要及時。人的一生總是注定要經歷太多的悲歡離合，總是有些人到了最後關頭，才恍然大悟自己最需要感恩的人是誰，二嬸的例子便是如此。

二嬸因爲年輕時丈夫就外遇不斷，及至中年後又加上洗腎的折騰，累積了沉重的委屈及怨恨，很少看到她的笑容。有一天，二叔終於覺悟，放下了所有事業，回家悉心照顧她，可是她還是把自己囚禁在沮喪的情緒裡，冷漠以待，無法歡顏。

有一天，二叔為了扶她，不小心在浴室跌倒而驟然往生，她兩淚蒼茫地後悔，每天怨自己來不及向他說出感恩，也來不及低首說原諒。從此，悔恨還是伴著她的生命共存。

有人說，愛要失去，才會叫人珍惜。歷史上沒有如果，人生也不能重新選擇。習慣性的負面思考，會影響周遭人的生活，而有負面的結果。上人說：「一個缺口的杯子，如果換一個角度看它，它仍然是圓的。」養成凡事感恩的習慣，善於表達感恩，對於周圍的人，才是最神奇的禮物。

有感恩心的人沒有災難

小鳳是我這幾十年來，一直保持連繫的朋友，我從她結婚當伴娘，到她當奶奶陪她參加孫子的滿月席。雖然她長年居住美國，我們的越洋電話卻不曾中斷，尤其她生平的故事，好像傳說般，眞叫人驚歎。

話說當年，小鳳在台北的補習班教英文，是月入數十萬的高薪族。隨夫君移居北美後，爲了居留身分，爲了生活曾做過打掃清潔工，做過幫傭，所有想得到的臨時工，她都做了，「很委屈地討生活喔！」她在越洋電話裡訴說，當時的生活與心境。後來工作穩定了，生活也寬裕了。但是，「居然他會有外遇，很難相信，我們一路辛苦打拚過來，難道情感還不夠堅定？我有錯嗎？」她在電話裡，無奈地飲泣良久。

隔了一年後，「他終於回頭，答應要全心照顧家及三個小孩了，我現在很幸福美滿。」她開心地笑了，像小鳥般吱吱喳喳地，訴說春天來了。可是還不到一年，「他把房子、店面都貸款，跟朋友到大陸投資，他說是爲了讓我們母子以後過更好的生活。」

雖然捨不得，她還是答應了，「我們已約定，每天通一次電話，每三個月回家一次。三年後，一定可以還清貸款，榮歸故里，我在期待中過生活，還要努力工作，應付每月的利息以及孩子的學費，有點壓力喔！」加油吧！小鳳，「他電話愈來愈少，聽說工作很忙，也許不久就可以回來了吧？」她很擔憂。

一年後，嚴重的問題出來了，「我終於找到他，聽說錢被騙了，他焦頭爛額，沒心情跟我說話，他好可憐，我沒法放下孩子去安慰他，怎麼辦呢？」

於是我寄了《靜思語》，還有慈濟書籍等，希望能幫助她，找到心靈的支持和慰藉。她很認眞讀，常與我討論。

「他終於來電，但是，是拜託我跟他離婚，因爲大陸的女友已經懷孕要生小孩了。」聲調帶著椎心泣血般的悲傷，「妳們師父不是說，不要拿別人的錯誤來懲罰自己嗎？我不再哭了，我跟孩子們還得過日子。就當它是一場災難，蓋章歸零了。」看樣子她的婚姻是無法挽救了。

不到一年光景，「他說要回來一趟，帶著嬰兒和大陸籍妻子，住不起旅館，想借宿我家客廳住三夜」，考慮了好幾個長夜，她還是答應了。

「有一天，我開車出門，陽光很燦爛，碧藍的天空好美，突然覺得自己很幸福，看哪，老天對我多好，我養得起三個孩子，還付得起一堆貸款。可是他連一個小嬰兒都快養不起，這鐵定是老天對我特別好，於是我搖下車窗，對著天空，高聲歡呼：老天爺！我要給您一個飛吻，感恩您對我這麼好！我願意把您給我的愛再分享出去。」

「妳的師父不是說，屋寬不如心寬。所以我在打掃房子、套房讓他們睡，打算自己睡客廳喔。」後來，「那天嬰兒半夜發高燒，又哭又鬧，我只好開車送他們去急診，還幫他們付醫療費呢。他們早上起得晚，我每天早上準備早餐給他們後，才出門上班的。」

聽起來我都好感動，他們一定更感動吧！

「那大陸籍妻子回去後倒是寄來一封信；她說此次前來其實是看能否再分到一些錢，因爲房子還可以二次貸款。可是看到姐姐妳對我們這麼好，妳睡客廳，我們睡套房，半夜開車帶我們去急診，還這麼努力工作，妳是我的好榜樣，我要向妳學習，所以，我向他說我們要有良心，我們自己努力吧，不再向妳討家產了。」

「眞沒想到，好險！居然省掉了許多場惱人的訴訟官司。在美國打官司挺累人。感恩妳們上人的智慧，讓我躲過了無名的災難。」

她沒有怨恨或不滿的心。因爲她說生氣是拿自己來出氣；不要爲自己的錯誤找藉口。我也相信，不用改變世界，只要轉變觀點便能出離苦難。

上人說有感恩心的人比較沒有災難。

以感恩心洗滌心靈

每天對自己提醒該感恩的人事物；甚至感恩困境讓自己增長智慧。有一次與懿德孩子相聚，提及「感恩」，每個孩子都發言踴躍，表達了他們生命中最感恩的人。沒想到，這一次聚會，彷彿撥開了重重的圍牆，碰觸到讓生命震動的弦，激發起共鳴。

有的孩子談到最生氣的人也是最感恩的人時，眼淚簌簌地落下；有的孩子談及重拾生命的感動處，淚流滿頰，由低泣哽咽到嗆咳……淚光不斷地泛上了每個人的眼眶……。

盧姐首先開場：我的母親是我最感恩的人。她曾經也是我最頭痛、最生氣的人，因為她嘮叨、愛翻舊帳，還常把我當三歲小孩般的看待。

以前，每次跟她起爭執，我都下定決心，老了以後絕不要像她那樣。但是現在最感恩的是她，因爲全天下只有母親對我的愛最單純、最眞誠，只有她能一再原諒我的錯，只有她能包容我一大堆的缺點。她讓我學習對人無私的付出，和包容人與人之間的差異。我愈來愈能體會，那種源源不斷的愛，是很不容易的。

婷婷接著說：最感恩的是我父親。小時候住在鄉下，有一次生病發燒，父親揹著我走很遠的路，焦急地到處求醫；一連好幾天，高燒不退，連醫生也束手無策。

一個深夜，父親在廟裡許願，願把自己的生命折壽給我，希望菩薩保佑我，好好地活下去……父親給我生命之愛，我永遠感恩……。婷婷說到這裡低泣不已。

小玉含著淚光說：我最感恩的是我小學老師。他很有耐心地教我數學，甚至下課後，還留下來義務教導我，讓我重拾對功課的信心，眞是一生受用無窮。

蝸牛甜蜜回憶起外公：印象最深刻的是我的外公，他有一大片果園，種滿水果。外公很疼我，每次回去都帶我去摘水果；有一次，外公聽說我最愛吃甘蔗，第二年，外公就把園地整個翻新，改種甘蔗，只爲了要給外孫女吃……。

呆呆有個很和樂的家，他說：我們家的經濟並不寬裕，從小我就很少花錢買東西，很多衣物都是親朋好友的；但是，我們家很和睦、很溫馨。父母及弟妹們給我很多的愛，是我最大的精神支柱。

小西說起她的感恩，內心有許多掙扎，幾度泣不成聲：從我三歲開始，母親就得單獨扶養我與弟弟，還要負擔父親留下的債務；母親的怨和我的氣，是經常碰撞爭吵的火花。

尤其上了國中以後，我變得很叛逆，好幾次想掙開母親的管教；幸好，母親在我最荒唐的時候，一直陪伴著我，沒有放棄我。不管我怎麼使壞、怎麼頂撞她，從不體念她的心酸，她還是可以原諒我。我們家從來不曾說：我想你，我愛你，可是我實在很想好好地告訴母親，我很感謝她，很愛她；沒有她，哪有我……。

小楊從小時候說起：從小我個性就很退縮，很沒信心，也沒什麼朋友。直到高中住校，室友教我學習接受不同的朋友，教我主動去關懷朋友，才讓我打開心內的門，生活變得很有意義，也享受到與朋友相處的快樂。所以，至今很感謝那位室友，她眞是我的大恩人。

好立克看起來很健壯，是學校裡各類球隊的主將，他卻說：其實我小時候很難養，體弱多病，幾乎藥不離口；我們家並不寬裕，父母親爲了讓我看病買藥，常常到深夜還在外面打工賺錢，非常辛苦。

現在能有健康的身體、順利地上大學，都是父母親辛苦打拚、養育出來的。我眞的很感恩他們！

感冒糖漿說他永遠記得一幅影像：開學那天，父親陪著我，提著行李，從台北一路騎機車、坐火車、搭公車，邊走邊問路地來到慈濟醫學院報到。

聽說父親的父親也是這樣，從鄉下一路陪著兒子到城市去上學，我覺得那是一幅感人的畫。我想，我也要把這樣的畫面傳承下去，給我以後的兒子。

小蟑最出人意外，他居然說：沒有特別要感恩的人或事，因爲我覺得每個人都值得感恩，無法分辨誰是最該感恩的。

此話一出，大夥兒一個踉蹌，差點跌下椅子。小蟑說他是眞的這麼想，不是語不驚人不甘休。小蟑的話，一點也沒錯。其實，每個人、每件事、每個因緣，每個經驗，都要感恩。像當天我從台北搭機來花蓮相聚，要感恩的人，就已多得不得了。

從飛機的製造開始，製造商、工作人員、飛行人員、服務人員……上人、慈濟基金會的會員們……都是成就我來花蓮的人，缺一不可。

我們竟然天天都在不知不覺中，承受到那麼大的恩惠啊！要感恩的，的確是太多太多了，眞的無法分辨孰重孰輕。

是啊！就連一刻時光，也都值得感恩，因爲我體會到，這世間已經給了我們太多太多了，我們還要伸手要求什麼呢？還要生氣什麼呢？

感恩的孩子有福

少年情懷的愛，也許不像詩，而是來不及意會，就已力竭成落海的浪頭。曾經，我們家族裡，有一位孩子就這樣落入失樂潮裡。茶不思、飯不想，無心上課，也不來參加家族聚會，每天躲在宿舍裡發呆。彷如天使遺失了笑容，全世界都要絕望了。家族們心情都很鬱卒。於是，緊急開會，討論如何挽救即將沉溺的孩子。

首先，救急的是，快被當掉的功課，於是，老大、老二積極地分配每個人最得意的一科，排時間幫他補習，陪他溫習功課，希望能爲他的困境開出一條路來。

慈誠爸爸與我，則在旁默默地祈禱著，但願彼岸起伏的潮聲，能夠回應，期末考過後，他翩然出現了，英姿煥發的，只有眼睛噙著淚水：「很感謝大家的陪伴，每天都輪流來陪我作功課，關懷我的情緒，分擔我的憂慮。我的成績過了。有這麼多人關心我，實在很夠本了，我也不再浪費，去追尋那一個沒有意義的愛了。從前，我以爲家族聚會只是好玩而已。現在感覺我們都是一家人，永久存檔在我的成長記憶裡，也找機會爲大家付出關懷！」

看到孩子重拾信心，我止不住熱淚滿頰，也許這樣一起付出關懷的行動力，啓迪了孩子無私的感覺，讓他不再執著於柔弱的小我，而讓友愛的力量，塡滿了缺愛的空間。

知道感恩的孩子，以後可以支持別人，在寒冷冰霜的季節裡，與人一起取暖，甚至爲別人升火。

第 4 章◦重寫人生劇本

且讓寬恕打開和解之門，

今日的敵人才能變成明日的朋友。

曾經，在與表妹的生意往來中，發覺她不會理財，不但欠錢不還，還到處講述我的壞話，說我如能借她更多，她就不至於經營失敗而躲債，一切都是我的錯。表妹不講理所造成的傷痛，讓我氣憤地把自己的心囚禁在不能原諒他人的心念裡，煩悶鬱結。

不巧的是，她又常出入我們這幢大廈，冤家路窄，經常在電梯裡與她相遇。於是，搭電梯成了我的夢魘，每次撞見她，過去的舊仇、現在的新恨所牽扯出的情緒，總讓自己的心無法平靜，無法瀟灑地出門。

有一次，又在電梯裡遇到她，當我不屑地撇過頭，像避開瘟疫般回避她的影像時，卻瞥見了電梯內鏡中的自己——穿著慈濟旗袍，正要趕赴一場慈濟茶會，宣導善解、包容、感恩、知足的精神。

霎時，羞愧衝破了自設的牢寵——我可以琅琅上口生活的道理，卻做不到簡單的事！爲什麼要躲開她，是怕看見自己受傷的心嗎？到底誰才是眞正的債權人呢？

幾番掙扎後，我決定提起勇氣，靠近去問候她的生活近況，她驚訝又感動得落下兩行熱淚，她說過得並不好，她很內疚，有錢一定會歸還，希望我能祝福她。她話一說完，我發現我的內心猶如雲開見青天。當我打開寬諒的大門時，我已去除心中的鬱結，搭電梯已不再是我的夢魘，甚至於還希望能遇到她，多給她一些關懷。

就是這件柔和忍辱衣，及時調整了我的心態，讓我每天都可以快樂的出門。當你原諒一個人的時候，當下心裡的折磨也同時消失了。所以上人說：生氣是拿別人的錯誤來懲罰自己。原諒別人才能善待自己。

用慈悲看待他人的錯誤

還記得有一個故事，讓我永懷警惕。從前有位居士，爬山越嶺，想去深山拜師學修行，在一處森林中，看到了五位和尚在賭博，這位居士心想，佛教有這麼卑劣的和尚，實在很荒唐，這時候突然看見五位和尚，為了賭資起爭端，接著打起架來，打得像一場生死存亡的戰鬥，於是居士的心更加慌亂，心想，完了，完了，佛教沒落了，我還有必要繼續上路嗎？突然，五位和尚昇天，變成五位羅漢，用遠傳的聲音告訴他：「你的心態是錯誤的，你要用慈悲看待他們會得到的果報，而非用批判來讓自己疑慮、畏怯。」

因為誰都會犯錯，但我們在看待別人的錯誤時，常一心一意只想到自己的認定眞理和尺度，於是爲淵驅魚，一口舔走了慈悲的本性，再也無法用其他的角度，看自己到底什麼地方出了錯？

善解才能走出牢籠

一位從國外回來的朋友，聽說我在慈濟做得很開心，於是打電話跟我說她想跟著我一起學做慈濟，我當然滿心歡喜。當天與一位出版社老闆約好，就帶著她照著我的行程走，讓她了解我在做哪些事。第一天結束之後，相約隔日再繼續到處跑透透。第二天一早接到朋友來電，說她臨時有事不能來，我想或許她沒興趣了吧，於是照著行程去赴我原本的約，與廠商約在一家咖啡店。一進門，卻驚見我的朋友與前一天碰面的出版社老闆也在同一個地方，狀似相談甚歡。當下心中出現許多念頭，我是要走出咖啡店假裝沒看見，當作什麼事都沒發生呢？還是過去跟他們打招呼，然後轉頭就走？心中念頭轉來轉去，思考了幾秒之後，我走了過去，與朋友和善的打聲招呼，看得出來她非常驚訝，而出版社老闆見到我，開心的招呼我一同坐下。原本當天是因爲一件急須與廠商解決的事，與人約在那裡，結果，因爲我坐下來與友人及出版社老闆商談，讓我原本困惑懊惱的事迎刃而解。回想起來，當時如果負氣走出那家咖啡店，事情或許不會如此解決，也或許我就此失去一個朋友。因爲善解的心，讓所有負面的想法散去，引領我走向正向的道路。

失蹤多年的三伯，聽說病得不輕，堂姐特別叮嚀我：「妳是慈濟委員，快去救他的心。」三伯以前是一位成功的企業家，曾經慷慨資助過許多後輩，其中有一位受惠最多，從結婚到事業起步，都受過三伯的鼎力相助。而這位年輕人也不負眾望，青出於藍，事業做得比三伯還要成功。

不久，三伯因受朋友拖累，事業遇到很大的危機，也背負了龐大的債務。為擺脫困境，三伯去拜託那位曾被自己資助過的年輕人，依他的財力，幫三伯度過難關，不是件難事，沒想到年輕人非但沒伸出援手，還說，感恩不一定要用錢來回饋，心存感激就是了，然後像躲瘟疫般避不見面。

三伯灰心之餘，最後終於宣告破產，放棄了豪華住宅，搬離了家園，我們也因此失去了三伯的音訊好多年。而那位年輕人的事業不斷地擴展，聽說財富以倍數持續增加中。

多年後偶然遇過三伯一次，幾乎認不出他來，他變得蒼老，身體萎縮，不如以前的意氣風發，眼神也充滿了怨恨，令人難以接近。想趨前與他打招呼時，他卻僵硬而冷漠的走開，他當時一定過得非常不快樂。

因此，我決定與堂兄姐們每天到三伯的病床前報到陪他，努力的歡談以前的種種笑話，希望打開他的心扉，並且，每天唸一段靜思語或講個慈濟小故事給他聽。有一天，他居然對著我們說：你們講的笑話都不好笑，還是多唸一些證嚴法師的話給我聽好了。於是，探病的時間就這樣變成了慈濟世界的時間了。大家唸到最後還會談論起自己的契合點，愈論愈有趣。三伯偶爾還會出個聲，糾正我們的觀點。

直到有一天的早晨，他待我們進房後，笑嘻嘻的開口說：「我想通了，算不算開悟？以前我也做得到上人所說的『普天之下無我不愛之人，無我不能原諒之人，無我不能信任之人』當年的角色，才會有快樂的人生，我不該遇到挫折就讓自己扮演受害者，我不想演這個角色了。人生沒多少時間可以浪費，不能原諒就會怨恨，怨恨就會傷到自己。上人的話是一劑治療怨恨的好藥方。你們已經功德圓滿，不用天天來陪我，只要多帶一些書和錄音帶來就行了，我會重寫人生的劇本。」

煩惱太多怎麼辦

剛接觸慈濟時，我最喜歡帶不同的人去拜訪上人，問上人各種的疑難雜症，以為這樣就可以找到人生的答案，也可學習到更多的智慧。

某次，一位太太來訴苦，說她的兒子不孝、媳婦不好、婆婆太計較等等一大籮筐的苦惱。於是我帶她見上人之前，一再叮嚀她接見的時間有限，不可談太多話，留些時間給別人，沒想到她到了上人那裡，只剩下一句話：「我煩惱太多怎麼辦？」上人回她：「煩惱是人們給妳的？」

「是啊！」

「那就走入人群，從人們的身上求得解脫吧！」

原來，答案就在問題裡，只有在與人互動中，才能客觀地看待別人不同的想法、才知道自己夠不夠慈悲，也才能體驗什麼是知足，還有機會觸動感恩的胸懷，這樣的反觀自省才是消除煩惱的根本之道。

又有一次，大家圍著上人話家常，一旁的我覺得不可浪費時間，應該多多向上人請法，於是舉手向上人提問：「身、口、意的修行中，身行好事，口說好話很容易，可是意念很難，不知應該怎麼去修意念？」上人反問我：「妳怎麼吃飯？」，一瞬間，我失去了預設的順序，不知如何回答，上人解說：「妳自己的心都可以決定、選擇要吃哪一樣菜，爲什麼要問意念怎麼修呢？妳是學歷太高、頭腦太聰明太複雜，簡單的問題反而想不通。」

對啊，實踐才是體悟道理的方法。就如我聽到上人當年蓋醫院的毅力，以及三十多年來辦義診的恆心，我問上人如何才能有恆心與毅力？

上人反問我：「妳問自己爲什麼沒有毅力？」

凡事反求諸己，答案自在心中。

化小愛爲大愛

月雲師姐，經歷了這樣的遭遇。有一天她人在花蓮，接到先生的來電，「兒子出事了，妳趕快回來！」兒子向來很乖巧，騎摩托車也都遵守規矩，況且現在又是在受訓期間，這是不可能發生的。

她奔向上人面前，兩膝落地祈求說：「師父！我只有這麼個兒子，請您救他！」上人牽著她的手，將她扶起說：「一切都是因緣，妳是學佛的人，此刻，妳應該拿出正念來，平時怎樣輔導別人，現在更要用正念來看待因緣。妳要振作起來，化小愛爲大愛，視普天下的孩子都是妳的孩子。」

一路上，她一直祈求觀世音菩薩：願意盡形壽、獻身命，希望能換回兒子的生命，希望大事化小，小事化無。飛機上，慇懃懇切的唸著菩薩的聖號、唸著上人，希望能有奇蹟出現。

到了三軍總醫院，「人已經送到太平間了。」希望破滅，她整個人癱倒在地，哭喊著：「我要去看我的兒子。」她心裡反覆自問：「怎麼會這樣子？我是不是做得還不夠，不然這種事怎麼會發生在我身上？爲什麼？」她不敢怨天，也不敢怨地，只是怪自己——一定是做得不夠，這個因緣果報才會應在我身上。到太平間看到兒子孤零零地躺在那裡……，掀開被單，她哭著對著兒子說：「兒子，你怎麼捨得離開媽媽？媽媽只有你這麼個兒子，你怎麼可以就這樣走了？」

只見她的兒子眼睛彷彿微微張開，眼角淌下淚水……。她忽然想起：我是一個學佛的人，佛教裡說人臨命終時，若對他哭泣，會讓他生起執著；她馬上提起正念對他說：「兒子，你要放下，這個世間原本就有來也有去，有生必有死；你只不過是換個身軀而已，你的法身是不死的，爸媽會照顧自己，你的媳婦我也會當作女兒般疼她，所以你要萬緣放下，安心的去。要快去快回，再回來做一個能救人的人。」於是，她輕輕地將他的眼睛撫下。

檢察官進來驗屍，法醫最後斷定是因心臟麻痺往生的。她簡直難以置信，兒子並沒有心臟病，每年兒子去做健康檢查，並沒有任何徵兆。軍法處的人對她說：「我們今天代表軍方來替你們作主，有什麼疑問儘量說出來，有什麼條件也儘管提出來，你們若不相信的話，可以解剖。」她問：「如果解剖，可不可以捐獻器官？」他說：「已經超過時間了。」「那麼解剖對醫學研究有沒有幫助？」他回答：「我們只針對他殺之嫌作解剖。」

她想起上人的弟弟在軍中被人誤殺，上人非但沒有追究，還請求自己的媽媽能站在對方母親的立場來原諒那個孩子；也想到勝勝和昭昭師姐她們的爸爸車禍往生，她們也沒有追究肇事者……我是一個慈濟人，我應該要面對現實，佛法說因緣果報，一切都有因有緣，應以善解心寬容一切，何況我兒子這麼善良，不可能有人會害他……。

看著長官們企盼焦急的眼神，她對長官們鞠躬說道：「眞的非常對不起，以你們的立場，一個學員才來受訓三星期，就發生了這種事，對你們來說是增加一件麻煩，我很對不起你們，請你們包容、原諒。」軍方人員原以爲她會像一般人一樣，爲了請求賠償而吵鬧不休，不料竟超乎他們意料之外，其中一位黃少將說：「我很感動，你們慈濟人眞的不一樣，其實我也是慈濟的會員！」

她說：「我只覺得很對不起長官們，我的孩子給你們增加麻煩，有負國家栽培，無法繼續報效國家。我們師父叫我們要感恩、善解，化小愛爲大愛……。」他們都非常高興。一位陳姓長官說：「我以慈濟爲榮，因爲我是花蓮人。」

之後，她以兒子的名義捐獻一百二十萬元的獎學金，也將兒子遺留的電子魔音琴和藏書全部捐出來。她把兒子的往生看成出國留學般，有一天學成圓滿，換得清淨身，再回來我們的慈濟世界。

記得上人開示說：「要將普天下的孩子都當成你自己的孩子。」眞的，她一放寬胸懷後，看到年輕人就像看到她自己的孩子一般窩心。就像上人，儘管沒有結婚生子，但是他愛普天下的眾生，無論他走到哪裡都有那麼多人敬愛他、追隨他；過年圍爐時，有那麼多人和他一起圍爐，人又爲什麼要執著於小愛呢？

爲了遺體要不要放進冰庫的問題，她打電話請示上人，上人回答：「一個人往生後所做的都不是很重要，最重要的是生前的付出，以及往生時的助緣，所以不用管什麼寒冰地獄。」

月雲師姐相信他們夫婦不會寂寞，因爲有這麼多的法親兄弟、姐妹，還有慈濟這個大家庭！

第 5 章。不枉人生走一遭

不甘心的情緒會透支生命的能量，

唯有捨卻痛苦記憶，

才能讓心靈尋回生機，

長出美麗的花朵。

聽過一則幽默的故事，一位卡車司機在路上，看見一位老人肩膀負著一擔碎石頭，隅隅獨行，他見了實在不忍，於是停下車子，想送他一程，希望能減輕他的重量。於是幫老人及石頭送上了卡車後座。車子行駛後，司機聽到石頭碰撞的聲音很大，於是停下車，往後一看，老人站在車座，仍將石頭背在身上，他驚訝的問老人怎麼不將石頭放下呢，老人回答：「年輕人，你好心的送我一程，我背在身上才不會增加你的負擔呀。」乍聽之下荒誕不已，但是老人謙卑的善意，卻讓人溫馨滿懷。

學習百折不撓的韌性

由於從小的教育和父母教養的方式不同，使得每個人對於挫折的承受度不同，反應也不一樣。我常以堂姐的例子作爲警惕。她從小備受父母寵愛，從來不知挫折爲何，等到結婚後，挑戰終於來了。有一次，堂姐夫打電話來求救，說堂姐要撞牆自殺，原因只是因爲她的婆婆和奶媽在廚房裡吵架，吵到勢不兩立，她無法協調紛爭，只好撞牆求死以得解脫，她說兩人都是最疼愛她的長輩，是她生活中無法捨棄的親人，但是：「她們的問題，眞是無法評斷誰是誰非，沒完沒了，我離開算了，死了就不用再煩惱這些事了。」

生命原本就是一種沉重而艱苦的探索，不管發生什麼，都不能放棄自己。現在，學生之間很流行學圍棋，爲的就是要訓練孩子們增強應付失敗與挫折的能力，有的孩子怕輸，有的孩子輸了會哭。不論成效如何，在生命裡的每一天，我們應該學習百折不撓的韌性，爲所愛的人無怨無悔地努力和付出。

生命無法回頭

表弟阿雄放下妻兒千里迢迢從越南趕回來，每天守候在拜把兄弟家門口，只爲了討債。剛開始對方還帶著歉意百般道歉，後來臭臉辱罵，最後乾脆避不見面，整整讓他折騰兩個月。

有天，阿雄的嫂嫂氣急敗壞打電話給我：「快出人命啦！阿雄要買刀子殺他兄弟了！」大夥聚在巷子口，終於攔到了阿雄。只見他雙眼紅腫、面容沮喪，十足像極自我遺棄的流浪漢。我剛好要拿補助金給慈濟關懷的個案，於是和表嫂商量，帶阿雄同行。

阿雄其實是聰明人，只是個性較爲衝動。在車上，他一直不甘心地怨怒道：「我信任他、幫助他，他卻這麼恩斷義絕，總得有人教訓、教訓他，讓他知道世間還有公道。我一定得替天行道，即使賠了我這條命，也在所不惜……」

此行關懷的案主是位意外受傷昏迷的植物人，我們進去探望時，妻子正在幫他餵食，她不斷地在丈夫的耳邊輕輕說：「大家都來關心你，你要快點好起來哦！孩子需要你喔，你看孩子會叫爸爸了。」呆坐一旁的孩子睜著無辜雙眼，那情景令人鼻酸。

突然，鍾愛兒子的阿雄，悲鳴地衝出門，我們也緊張地跟出去。只見他淚流滿襟，哽咽地說：「我太笨了，我拿兄弟的錯誤來抵我們全家的幸福，爲了報仇，我也許會像他一樣躺在床上，也許會讓孩子成爲孤兒，而且還成為孩子的壞榜樣，我浪費了太多的時間做錯誤的示範……我知道了，錢可以想辦法再賺，生命是無法回頭的。我要回家了。」

我們都鬆了一口氣，不需語言，看到別人的苦難，他就可以借鏡，可以想通，放下不愉快的記憶，讓痛苦的事件如過往雲煙般逝去，找回家庭的和樂。

我們不必活得偉大，但必須活得不浪費。不甘心的情緒，痛心著失去的人事物，只會透支我們的生命能量，讓生活變得槁木死灰；唯有捨卻痛苦的記憶，才能開闊心靈的空間，重新尋回生機。

就當做你把錢捐給我

記得還有一個個案，發生在台北三重，有一位七十多歲的阿婆居然要跳樓自殺，因爲她的姪子騙了她三千多萬。當接到這個個案時，我們急速趕到現場，大家正用力拉住她，她哭得呼天搶地，「讓我死吧，這麼沒天良的事，我不想活了，就死給他看吧，不要拉我嘛，我活著沒什麼用了。」

在場的慈濟師姐關懷地問她：「是您欠他的嗎？」

「當然不是啦，是他把我一生的積蓄都騙光了，那是我手皮磨出來的錢，一點一滴，血汗累積下來的錢，很不甘心啊，叫我怎麼活得下去呀！」

師姐拉起她的手說：「我看不是吧，我看到的是您欠他可眞多。」

「怎麼說呢？」她一時錯愕，停住了哭泣。

「您想想看，您給了他三千萬，還要賠他一條命，您這不是欠他太多了嗎？」觀念一轉，角色互換，阿婆終於有所悟地，打消了輕生的衝動了。

有一次，聽到上人安撫一位因被倒會而傷心的婦人：「就當做妳把那筆錢已捐給我了，那妳就沒有罣礙了。」心無罣礙，當下拔掉了不甘心的苦，上人承自佛陀的智慧眞是令人佩服。

生者心安，亡者靈安

從前我和大多數喜愛吃喝享受的女人一樣，追求時尚，享盡美食，還組了一個「吃會」，每個月輪流由會員找出一家餐廳，選幾道最好吃的菜，讓大家享用。吃胖了，再想辦法減肥、泡澡，以爲這就是至上而幸福的人生。

有一天，事情突然不一樣了，吃會的一位會員是我表姐，她來電求救，她司機的女兒死於意外，司機哭了三天三夜，無法開車，「誰可以幫忙開導？」

於是，我召集了能言善道的吃會會員，平常聚餐我們都在交換家庭經驗；如何不被公婆欺侮，如何對付小姑、小叔，如何監測丈夫的行蹤，隨時都有高招交流。

我也約了慈濟師姐來幫忙。餐桌上，司機夫婦哭哭啼啼，淚如雨下，每一位會員都輪流說些安撫話，「不要再傷心了，自己的身體多保重吧！」

「老天真是沒有良心，怎麼這麼乖的女兒，會這樣呢？」

「哭也挽回不了的，倒不如多燒點銀紙，讓她沿路好用。」一邊還陪著流淚，輪到我時，我已辭窮，想了許久，終於迸出一句話：「節哀順變」，自己覺得好笑又不敢笑，空氣僵住了。還好，慈濟的林勝勝師姐開始說了很好聽的生死經驗故事。她滔滔不絕講了兩個鐘頭。最後還說；因爲父母恩重尚未報，所以讓父母愈傷心，子女的罪過就愈大，即使再出生來到人間，福分也會減低。

「你們愈是傷心，愈是折損她的福報。想念她時最好是唸佛號祝福她。不斷地祝福她，她才能走得安然。」只見司機夫婦趕忙擦乾眼淚，急著問怎麼唸才是標準的唸法。

前後判若兩人的司機夫婦，讓我感到不可思議，趕緊起立趨前向林勝勝師姐說：「我想向您學習這樣的生死大事，我可否當您的跟班，幫您提皮包？」師姐很幽默地說：「我只是『中盤商』，我們還有『大盤商』在花蓮，你們兩人要不要跟我到花蓮認識師父，做幾天醫院志工，眞正體會生老病死。」

這是我第一次稍微能體會到上人所說的「讓生者心安，讓亡者靈安」的境界。

知福與惜福

一位十九歲的男孩，因爲和朋友出去玩，騎車撞到安全島，腿部受傷，開刀後雙腿變得長短不一，走起路來一跛一拐的。出院後男孩非常鬱悶，他的父母也非常心疼，想盡辦法要讓他開心。他們將房間重新漆成他喜歡的藍色，連冷氣也漆成一樣的顏色，配上一流的音響及超大螢幕的電視。他的父母恨不得將所有可以滿足他的都給他，卻忘了調適男孩的心。自從事故發生以後，男孩常無故蹺課，怨恨自己的腿難看，甚至說：「死了算了！」有時稍不順意就摔杯子、翻桌椅，弄得屋內一片狼藉。

知道男孩的狀況後，我們帶他去探視另一位十七歲的少年，他在家中排行老大，雙親因車禍往生，於是一肩挑起扶養弟妹的責任，但是禍不單行，在輟學打工時又因電擊，慘遭截肢，失去雙腿。當一行人帶著慰問金去探望這位十七歲少年時，他坐在輪椅上，清瘦的臉上掛著奕奕神采，舉著雙手對大家說：「我還有雙手，可以做美工，可以幫人家抄寫校對，我的手可以做很多事。所以，等我找到工作後，就可以不用麻煩你們了。」當時我們安慰他說：「孩子，這個社會是互助的，互相關懷的。今天你受到別人的幫助，哪天別人有需要，你若有力量，就可幫助別人。」少年懂事的點點頭，費力的將輪椅挪向門口，說：「請你們坐一下，我去幫弟妹買便當。」我們下意識的望去，他的弟妹正天眞地在房裡看電視。對比之下，那位十九歲的男孩忍住淚水，臉上顯露出心疼與惜福。他心疼十七歲少年的堅韌生命，而且重新醒覺自我的福分。

不枉人世走一遭

我常常想，每個人的出生，都一定有獨特的任務或使命，但是，當怨恨或責怪別人的錯誤時，怨恨的槍會對準自己，將自己打成烈士，無法完成生命的任務。

我認識一位師姐，從小父母離異，又各自再婚，把她留給奶奶扶養。不幸的是奶奶早逝，她常三餐不繼，自己半工半讀完成學業。在成長的過程中，她怨恨父母，認爲自己的出生是個錯誤，痛苦的她因爲跳脫不出這無可改變的事實，所以自殺過許多次。直到在一次慈濟茶會裡聽到感人的現身說法，體悟到要先改變自己，才能改變環境的道理。同時她也體認到佛教的積極意義，儘管人不能選擇自己的眷屬家人，但可以選擇心靈上的痛苦或快樂，於是她選擇讓自己快樂。

我的一位老同學，也有著同樣的家庭背景，有一回我下班回家，正準備放鬆休息時，電話鈴響了，「幸惠，我現在很想跳樓，妳七點前如果沒到，我們就太平間見了。」又來了，我的這位老同學，每隔一段時間，就拿生命做賭注。一看時鐘，差十五分七點，趕緊搭計程車趕到她家，雖然知道她家住二樓，即使跳下來也不致死，但總不能置之不理呀。

上一回，她從海邊餐廳打電話來，說自己想跳海，我急得打一一九，結果是虛驚一場；還有一次，她說要從山上開車衝下來，「管他會死在哪一段路上」。我打電話給她的先生，她的先生冷冷的回答我：「眞要死，不會一再地打電話煩人，當她的先生是很痛苦的，隨她去吧！」那天她眞的開車子衝下山來，人只受了點擦傷，還是無事回家了。

車子到了她家門口，看到她站在二樓陽台，面無表情向下觀望，覺得她是個患了嚴重「缺愛症」的人，也許不該只用言語來安慰她，該轉個方向來幫助她，瞬間有一個妙法閃入腦際。

雖然常聽她說：「人早晚要死，早死有何不好？」這回我不再與她辯論，而是幫她披上外套，攙著她出門，去看一位曾是慈濟照顧戶的大護法。當這位蔡女士撐著殘缺的身子爲我們開門，笑咪咪地講述自己的故事後，我的同學掩面哭了起來。

蔡女士從小就得小兒麻痺，因治療不完全，又得了肌肉萎縮，小時候還有父母的疼愛，後來父母相繼往生，就與妹妹同住。當時，她還可以拖著身子做點家事，慢慢的肌肉萎縮更厲害，無法行動，需要人餵食。後來妹妹出嫁，由弟弟及弟媳照顧，有時因弟媳忙碌，無法定時照顧飲食，常常讓蔡女士餓得發昏。

因爲她長期需要全程的照顧，最終還是被家人遺棄了，後來社會局將她安頓在貧民區的小房間裡。剛開始，她幾乎失去了求生意志，以爲人生就會這樣終了。慈濟委員發現了她這個個案，開始不斷地照顧、關懷她，送她收音機，讓她每天可以聽上人的法語。蔡女士告訴我們，當時每天有三段最快樂的時光，就是上人開示的播音時間，因爲那是心靈營養時間。她說：「身體病了，心若再病，就是雙重殘障。有些人身體健康，卻要用心靈的殘缺來損害身體，實在可惜。」就如上人所說：人生只有使用權，沒有所有權，應該要好好把握，使用它來造福人群，回饋社會。平時來照顧她的社會局義工，有家庭問題或人我是非煩惱，都向她傾訴，她很開心的說：「他們來一個，我就度一個。」社會局一個月補助她八千元的生活費，她每天省吃儉用，居然已經捐了六張病床造福人群。

看著蔡女士扭曲的臉，笑得像出生的嬰兒一般，讓我們的心好溫暖。

回頭看我的同學，或許是領悟到什麼，她掩面奪門而出，追了不短的一段路，她才停下來，她激動的告訴我：「我覺得很慚愧，她這麼努力的要活下來，還想要造福他人，而我……，老天已對我很好了，我還認爲自己活著是個錯誤，不知足，不知感恩，太慚愧了！我從來不知道，生命是要如此感恩。」在陰暗的角落看到一盞燈，才會體會到光亮的可貴。

人間是一場戲，當你被決定了角色，粉墨登場時，別忘了，要讓自己盡心，演得換來滿堂彩，才不枉人世走一遭。

放不下的痛苦猶如傷口灑鹽

因爲先生有婚外情而痛苦難安的婦人問上人：「我付出了很多血

汗，辛苦的幫他將這個家建立起來，如今生活富裕，他就另結新歡，還不認帳，這樣，叫我如何能甘心？我恨不得去叫我的三個孩子，幫我討回公道。」

師父糾正她說：「家有一半是妳的，妳也是爲自己把家建立起來。要播種大愛，才會有愛的纍纍果實。遇事要用平常心去對待，心才能寬廣。盡本分去愛他、原諒他，不要翻舊帳，更不要樹立起孩子敵對的態度，讓孩子對父親尊重，教導孩子學習在容忍中長大，才能學會忍耐，況且，學會容忍的孩子將來最有福。將心中的火熄滅，好好地教育孩子，即使捨一而得三，還是很划算的。」

上人的這番話句句打動她，然而，過了沒多久，她又聽到先生幫那個女人買房子、車子。剎那間，一念瞋火起，心中的怒潮越過師父給她的堤防，她用最後一搏的心情，將事實眞相一五一十的告訴三個孩子，還要他們幫忙討回公道。於是，原本或許可以解決的問題，轉眼間變成一場難以平息的災難。

就讀高中的大兒子跑到女方家，動手摑女方一巴掌，父親知情後趕回家咆哮的追打著兒子，母親則在一旁歇斯底里地大叫，二兒子拿著棍子揮舞抵擋，於是父親大吼一聲：「這是什麼家！」碰地一聲，關上門出去。可憐的小女兒叫了計程車追趕父親，也不知究竟發生何事，只見她回到家，把自己關進房間，從此很少出房門，悶聲不響的。此後，大兒子性格也變得愈來愈暴躁，當母親偶爾打電話到公司詢問父親行蹤時，還會怒斥母親：「這麼沒志氣，人家都不要我們了，妳還管他！」一語否定了父子親情。二兒子經常住同學家，徹夜不歸，懷疑自己在家庭存在的價值。太太更是寢食難安。

本以爲激發的情緒，會使他們濡沫相惜，沒想到竟是燎原之火。當她女兒說：「我的存在是個錯誤，又不敢自殺，不知該怎麼辦？」當時，她差點昏倒，思之後悔莫及！目前她和孩子們都在慈濟的輔導行列，重建對人間的愛、尊重與肯定。

誰會是在純眞白帆布上作畫的人呢？放不下的苦痛，像是一種不斷在傷口灑鹽的人生，讓人看了不禁唏噓！

第 6 章。快樂的蚊子上天堂

守住當下，恆持剎那，

如果沒有活在當下，

連今天的太陽都看不見！

有一次，在演講會中聽主講者向台下聽眾這樣詢問：「誰有把握看見明天的太陽？請舉手！」我心中一陣慌亂，頓時不知該如何回應。人世間的無常，是不容易心平氣清的。「事實上，誰也看不見明天的太陽。因爲每個早晨睜開眼時，看到的都是今天的太陽，當然永遠看不到明天的太陽囉！」現場的笑聲轉化了被騷亂的心，但是我察覺到自己還沒學習放下生死無常。

之後，因爲肩膀痠痛去看醫師，要照ＭＲＩ（核子共振照影）。我以爲那就像Ｘ光一樣，掃一下就好，沒想到還得換衣服，而且躺進像棺材般的拱圓形盒子裡二十分鐘。醫師把門一關就出去了，四周冰冷，孤獨、恐懼的感覺齊湧而進，瞬間，千百個念頭浮動，萬一斷電……萬一機械故障……，這裡豈不成了我的停屍間！

我第一個放不下的是，我的皮包還放在外面，然後，我有許多事還沒做，許多話還沒向家人交代……，我怎麼可以死？我著急地想著還有多少沒完成的事，念頭就在過去與未來之間跑來跑去，情緒波動激昂，不自覺就喊了出來：「我還要活下去！」

不知是時間到了，還是聽到我的叫聲，醫師開門進來，酷著臉用按鈕把我推出盒子，說：「妳移動了，要重照！」我強悍地說不想照了，他說不可以，而且不准再動。於是我又被推了進去，開始了思想的生死之旅。漫漫的二十分鐘，彷如二十天那麼難捱。突然，我想到上人的教誨：「你現在在哪裡？」對呀！我在測MRI而已呀！我忘了活在當下，心念一直繞著昨天與明天，所有該做的、沒做的。當我把念頭拉回現況時，心情就平靜下來了。終於，我聽見有規律的機械聲，於是跟著機械的節奏唸佛號，頓時不再感到孤獨，二十分鐘，竟然一下子就過去了。

這次的體驗，讓我深有感觸：「如果，沒有活在當下，連今天的太陽都看不見！」

及時珍惜才是愛

八十三歲的母親，在洛杉磯第二次中風時，腦部嚴重出血，昏迷不醒。當醫生宣告她不可能再康復時，我們都很悲痛。正好當天上人行腳來台北，我滿懷悲傷的向上人告假，並請求教示，上人問清楚母親的病情後，短語幾句開示我：「請妳告訴母親放下一切，快去快回。而妳，不要以爲捨不得才叫孝順。」

抱著這幾句話，我飛抵洛杉磯，直奔加護病房，只見父親及兄弟姐妹們，圍侍在病床側，每個孩子都很捨不得地拉著母親的手，撫摸母親的臉，異口同聲地爲母親加油，希望母親早日醒過來。主治的醫師說，母親即使醒來回復了，也比植物人狀況還差，望著呼吸困難、插滿管子的母親，我的心像是被射上了千把箭，眞是痛徹心腑。那麼疼愛我們的母親，我實在捨不得讓她承受這麼多的痛苦，但我更無法說出請她放下這種話。

耐心地照顧了母親一陣子後，我還是想不出解脫的方法，也許返台後再請教上人是否還有其他辦法？於是，我訂機位準備逃離回台，此時住洛杉磯的靜誼師姐前來探望我，聽說我要返台，極力反對。

「現在是母親的生死大關，妳怎麼可以逃避？怎麼可以回去，何況妳是慈濟委員，上人的教示怎能不執行？還想再問？萬一錯過了關鍵時刻，後悔都來不及了。別猶疑了，快去做該做的事才是慈濟委員的好榜樣。」

還好在菩薩道上有共修的師兄姐及時提醒我，否則悶在自以為是的觀念裡，錯過了關鍵時光，才真是後悔難安。

我想起上人說的：「不要以為捨不得才叫孝順。」我的確需要幫助母親化苦為樂，重新體認慧命的最終意義。

於是，我取消機位，晚上為自己寫了一張字條，內容是：「母親，很感恩您生育我們，養育我們，您已留下許多給我們了，您的恩惠比山高，您的功德很圓滿。您很愛做慈濟，我會用您給我的身體，加倍做慈濟，把所有的功德，都回向給您，以報答您的恩情。窗外花開得很燦爛，樹葉也很亮麗，它們都在迎接您，您功德圓滿，您可以選擇放下身體，換一個更健康的身體回來。您過去做了很多好事，請您就帶著這份善業，往生淨土，再回來做一個慈濟人，做一個救人的大菩薩。您不會孤獨，我的心和精神會陪著您走。所以請放下一切，心中唸佛號，緊跟著菩薩走，大家都在祝福您！」

第二天清晨，我先進醫院，趁著大家都還未到醫院之際，下定決心，握著母親的手，我擔心會哭出來，唸不下去，所以看著字條，在她耳邊，輕輕地、唸了兩次給母親聽。

不久，兄弟姐妹陸續進來，雖然大家都知道醫生的宣告，可是每個孩子還是忍不住鼓勵母親說：「母親，我們都捨不得您，您一定會好起來，一定有奇蹟的，您一定要加油。」在加油打氣聲中，我的思緒有些慌亂，但我還是緊握她的手，默默地請她勇敢作抉擇。

之後，不到六個小時，母親像是放下重擔般，吐一口氣，輕鬆地，飛離而去了，眞的很捨不得，不知道這是否是她的選擇，但我相信是她的放下。不管怎麼說，明知沒有機會復原，爲了自我的割捨不下，鼓勵母親拖長痛苦時間，使痛苦綿延不絕，讓生命沒有尊嚴。我還是認爲該讓母親知道，可以有勇氣選擇離開苦難。這次的經驗也讓我體悟到，再也沒什麼放不下的了。

生死自在是千古以來的課題，雖然際遇不同，方式不同，悲愴或神聖的成分也不同，可是每個人總有放下或被放下的一天。

我覺得自己非常幸運，有上人的帶領，有靜誼師姐的及時點醒，這樣善的共修團體蘊藏著豐富的人生資糧，藉著它的力量來塡補及尋找人生的答案，應該好好珍惜。

觀念改變，痛苦轉身

有一位資深的師姐，原本活在幸福美滿的家庭中，有一天清晨，先生突然向她告白，早已有婚外情，而且交往已四年，現在他決定與她分手。背叛的痛苦，讓她寧靜的心狂亂到極點，她趕緊搭機回花蓮，跪在上人面前請求開示，上人說：「什麼也沒改變吧，唯一改變的是，昨天妳不知道，今天妳知道而已，爲什麼昨天不知道，妳很快樂，今天知道就不快樂呢，爲什麼要讓知道與不知道決定妳的快樂呢？錯又不在妳，妳更不需要難過。把小愛化大愛，繼續做妳該做的事。」於是，噙住淚水，她又回到台北，繼續忙著骨髓捐贈推廣的工作，當她看到等待骨髓捐贈孩子的父親，憂傷無力地在生死邊緣等待，不禁淚流滿頰。回到家，累得還沒與先生說句話就睡著了，反而是先生一夜未闔眼，第二天，先生納悶地問她：「妳怎麼睡得著？怎麼這麼快就可以原諒？妳不翻舊帳？不擔心我還會去找她？」

她很平靜地說：「我想通了，我也有責任，可是我選擇繼續讓自己快樂。雖然被人背叛是很痛苦的，但比起那些等在生死邊緣的人，我的苦太輕微了。何況這世上沒有無緣的愛，拉長時空來看，前世也許你的妻子不是我，來世說不定你會娶別的女子爲妻，我們只有這一世的因緣，都是時間的過客，何必讓過去的帳和未來的不安，擾亂現在呢？」

上人曾言：「一切只是觀念而已。」觀念改了，世間諸事沒什麼不能理解、不能諒解的。

快樂的蚊子上天堂

請問蚊子可不可以上天堂？有一次，大夥兒聚餐，一旁的小朋友突然發問：「師姑，請問蚊子可不可以上天堂？」

我正躊躇著該用什麼樣的觀點回答時，其他小朋友馬上搶先說：「傻瓜，不咬人的蚊子，當然可以到天堂嘍！」

我忍不住地笑著問他：「爲什麼不咬人的蚊子可以上天堂？」他不假思索地說：「不咬人的蚊子，是快樂的蚊子，當然可以上天堂啦！」

好有哲思的小孩！大人都了解如果生活的過程不快樂，那麼人生終點也一定不會到快樂的地方，但是這位小朋友，想得更直接明白。

在美國，我曾開車招待一對老友夫妻，到名勝地大峽谷觀光遊覽，沿途四、五個鐘頭的車程裡，他們一路爭吵，舊仇新怨一湧而出，從愛的差別待遇到累積的犧牲壓力，一車子的喧騰，讓沿路的風景像被遺忘了的廢墟。

好不容易到達目的地——大峽谷，只見綿延橫亙的山谷，氣勢磅礡、景觀壯麗。我想，他們應該可以拋下一切，融入這千古壯闊的景色了吧！沒想到，他們下了車，還是拉長著臉，太太對著峽谷，神情漠然地說：「無聊！」先生也轉身望著另一端山谷，切齒地說：「虛榮！」

唉！老天創造這麼美的地方，竟然只被看到虛榮與無聊。若造物者聽到此語，一定會搖頭喟歎：「沒辦法，人們就是喜歡迷路，把天堂當地獄。」我相信，生命的旅程也一樣，沒有快樂，即使到了天堂，也不感覺快樂。

心安過日子

有一個眞實的故事，發生在一位貌似黛玉花容的姑娘身上。她婚後的第二年，小女兒滿週歲的當天，她的先生外出買生日蛋糕，在巷口被機車撞倒，入院手術後，變成癱瘓，除了頭部外，全身無法動彈，而且每隔兩小時就須翻身一次，以免得到褥瘡。從此之後，她與公婆輪流照顧她先生，還要賺錢養家及照料唯一的女兒。就這樣過了二十年沒有奇蹟發生的日子，我們在她臉上卻也看不出犧牲的委屈，忍不住問她：妳辛苦嗎？她說：「我先生才辛苦，他的身體都不聽他指揮，這二十年來他自殺過好幾次，他活得很辛苦，但是我沒什麼辛苦，習慣就好了，我過得很好。」

「妳眞了不起，經歷了這麼多年，也不覺辛苦。」

「其實我並不如你們想的那麼偉大，我只是選擇了自己較好過的方式而已。從前年輕愛玩，也曾棄家逃離，但是回想起來，那段離家的時光是最難過的日子，因爲我心難安。當初我們結婚的誓言是同患難，共甘苦，今天他在這裡苦撐，我即使住在天堂，吃著山珍海味，心中卻不安，所以，在他身邊照顧他，一起過活，才是最好的生活。」

也許，遵守承諾的力量，就是保持最好生活的能量。要過好日子，就這麼簡單，遵守承諾就好了，然而，我們凡夫的思維，常複雜得令人糊塗，無法眞誠的對待自己。接受無法改變的事，以爲是軟弱，其實拚命爭取不可改變的事，才是無知。由此我們必須明確地領悟到，心靈安頓處即能過好日子。

當下的愛情

愛情常會掠走一顆潛藏的雄心，當孩子們一旦邂逅，那些悵然若失的家長，常會打電話給我：「聽說他交了女朋友，他花了很多時間去約會，荒廢了功課，我想拜託妳，勸勸他，不要那麼早就固定女朋友，多看看嘛！再多幾年，或畢業後，比較成熟懂事，才會知道自己眞正喜歡的對象是那一型，那時候再來選擇，也不會浪費時間或讀不下書……。」我也很想一手就拉回孩子的理性，但那是高層次的挑戰！對孩子來說，緣份豈容切磋！

還有這樣的電話：「她現在交的男朋友，並不理想，可不可以拜託妳，多開導她，讓她知道，會說甜言蜜語的男孩子最花心，她還年輕，太單純，不會分辨，容易受騙，叫她不要單獨赴約……。」這樣的話，總會掀起我淡淡的害怕愁緒，因爲四十年前，我母親也對我說過同樣的話。

甚至有人會告訴我：「她一回家，跟男朋友講電話講到半夜，我們很想跟她溝通，也想聽聽她在慈濟的一些活動，她卻沒時間，也不理睬我們，整天魂不守舍地守著電話，而且，盡聊些垃圾話題，對人生毫無意義的話題，一定是受那男朋友影響，可見，他也一定不是什麼正經人士，道德上值得懷疑……。」

誰都難以看清愛情的本質，因爲它無可計量，卻又是不能承受之輕，愛情的眞相與虛幻之間，常事與願違。如果對於孩子的愛情過度關懷，就變成干預，只會讓戀情化明爲暗。別期待一個放諸四海皆準的高招，去拆解愛情，那是天眞得愚蠢，我想這是無解又難解的課題。

阿基米德說過：「給我一個支點，我就能夠支撐起整個地球。」那麼給他一個焦點，是否可以幫忙顛覆愛情呢？用電腦設定對象，是否可以讓愛情成爲父母的理想呢？

所以，我們不得不警惕自己：心靈選擇留住什麼樣的記憶，就會選擇什麼樣的終點，那些縈繞心懷的念頭，直到我們離開世間後，仍會牽引我們前往「心之所向」的地方。我們得時時觀察心地風光，更應向內心探查——心中有沒有不願碰觸的弱點？

第 7 章。別讓明天後悔

用心說話，

話多不如話少，話少不如話好。

有位住在美國的華僑太太，原本開了一部本田小車，在發生車禍，經歷生死交關之後，她換了一部有三節車箱的豪華賓士車，以為即使再有擦撞，必可保護性命無虞。

沒想到，有一天她被黑人跟蹤了，當時是聖誕節前的黃昏，她買了一堆巧克力放在後座。黑人躲在地下停車場，走近她，她以為是來乞討零用錢，正掏腰包時，黑人突然舉槍，向她要汽車鑰匙，指示她坐後座，而且只能躺臥，不准坐起，車子就一路加足馬力開往山區。後座的巧克力堆震得她頭痛欲裂，於是，她開口要求黑人讓她坐起來，但被喝止。

驚恐慌亂中，她想乞求保佑，於是開始誦唸佛號，黑人馬上回頭斥責：「這麼難聽的歌不准唱！」無助中，她想起返台時，參加慈濟茶會，聽到有人分享：「保護對方的善念，就是保護自己的妙方。」於是她絞盡腦汁，小心奕奕地與黑人交談。才知道他從小是一個棄兒，現在得獨力扶養一對兒女，從關懷他的孩子，談到孩子的興趣和調皮，以及如何管教孩子，談著談著，到了高山上，他說已約好朋友在此，先把她丟在山上，然後一起開車去車廠，解體賣零件。

等了一個多小時，還不見朋友來，他有些沉不住氣，猛吸菸，她勸他再忍耐繼續等待，而且願意陪他，於是他們持續聊孩子愛的教育，黑人忽然說：「我感覺今天好像抓錯人了。」想一想又說：「我還是先送妳去旅館，再回來等。」後來，眞的帶她到交通便利的旅館附近，釋放了她。她深深體悟到：「啓發對方的善念，就能保護自己，再剛強的人，都有他柔軟善良的一面。」實在是保護生命的至理眞言。

嘴巴不好，功虧一簣

說話有不好的習慣，就像口吐毒蛇般，傷人傷己。我的朋友小梅，平常爲人海派。婚後，夫家不僅欠了巨額債務，公婆、小姑、小叔都來同住，爲了扶養全家，她憑著一股「輸人不輸陣」的骨氣，咬緊牙關，日夜兼差，辛苦工作，幾年內不僅還清了債務，還改善了生活。但是不知不覺中，她講話的口氣愈來愈有威儀而僵硬。有時候回到家，看到一屋子的髒亂，她會衝口而出：「我在養豬嗎？這裡是豬窩嗎？」然後自己動手整理，邊清理邊埋怨：「我養你們的錢，夠請十個佣人來服侍我，讓我享福不用這麼累。」聽她這麼一喊，所有的大人小孩都躲進房裡，不敢出來。於是漸漸地跟家人有了距離，她又埋怨道：「怎麼伸手要錢的時候，才有一點點笑容，簡直就像個陌生人，不聞不問的，我眞不如養條狗，平常還會對我搖尾巴。」後來她發現先生有外遇，而且全家人都知道，只有她被蒙在鼓裡，居然沒人出面，替她講句公道話，或安慰她。她傷心又很不服氣地問了小叔：「我沒功勞，也有苦勞呀，爲什麼你們可以視若無睹？怎麼沒有人去勸勸你大哥？」小叔冷漠地回應她：「我們都是豬，我們比大哥更可憐，他有去處，我們沒有。」

俗話說：「戰勝別人一千次，不如戰勝自己一次。」往往只因口出惡言，便火燒功德林。我相信，我們對待別人的態度，其實也就是對待自己生命的態度。

愛的語言，情的呼喚

某一個夏天的午後，我跑遍大台北地區的咖啡店，最後終於買到先生愛喝的咖啡。回到家後，興奮地告訴他：「爲了你，我今天跑了好幾家店才買到你的最愛，好累喔！眞辛苦！」沒想到，他卻冷冷地回我：「我沒那麼愛喝呀，何必跑成那樣。」他的不領情讓午後的高溫降到了冰點。我反覆思索，原本是美事一樁，他怎麼無動於衷呢？突然，想起自己的態度好像是一個債權人，向他討回饋。其實自己非常開心能買到先生愛喝的咖啡，就應該直接說：「我好開心買到你愛喝的咖啡！」用分享的方式分享快樂的心情，而非債權人的方式。說話的方式不同，收到的回應也相差十萬八千里，不得不愼呀！

就如上人所說，夫妻相處之道，要多用「愛的語言，情的呼喚」。曾經，有位太太抱怨結婚多年來，夫妻關係一直在柴米油鹽中僵化，變得無話可說、無可溝通。她覺得自己已盡到妻子最大的責任與努力，每天把丈夫最愛吃的水果削好、愛喝的咖啡泡好，放進冰箱隨手可取，數年來如一日；可是卻覺得自己愈來愈像破舊家具，老在家中的牆角冷落呆置。

我建議她何不改變一下氣氛，把咖啡親手端給丈夫，並且說聲：「這是愛的咖啡。」第二天，她打電話給我，焦慮地訴說當她端咖啡站在丈夫旁，手卻一直發抖，口不成話。丈夫漠然問她：「做什麼？」她居然只會說：「這是咖啡。」丈夫說：「我知道啊！」僵了一會兒，她終於放棄說出「愛的咖啡」，因爲長年的相處抹殺了她說出愛語的能力。

還有一位同學，當她獲知先生有外遇時，馬上去整型醫院改造自己，隆鼻、拉皮、割雙眼皮、豐下巴等等。辛苦的改頭換面之後，她先生居然說：「牛就是牛，牽到北京還是牛。」她很不甘心，搥胸頓足地自問：「爲什麼？我又沒犯錯，我沒有可以讓他挑剔的地方，他爲什麼還要這樣傷害我？我每天幫他把愛吃的水果削好，放在冰箱，而他卻到那女人家幫她削水果，難道對他人太好，也是錯？」

在愛的諾言裡，人不是邏輯的產物，無法按道理來簽合同的。上人說：「要用愛的語言，情的呼喚。」「講道理，情就淡。贏了道理輸掉感情，划不來。」只能從對方的錯誤中，找出自己的責任來。畢竟，婚姻的主菜就是愛，愛的本質卻又是生滅無常，唯有彼此包容與諒解，珍惜在一起的緣，才是感受幸福的不二法門。

平淡或不美滿的婚姻就像一杯缺愛的咖啡，需要加糖或加奶精來增加氣氛，更需要被轉型，記得有一位作家曾說：「夫妻相處持久之道，不在於兩人經常默默地相對相視，而是兩人看同一個方向。」

「美」的學習

從來不曾想過——即使處在負面的情緒裡，惡劣的環境中，生活的態度也可以很美；生氣要生得很美，分手也要分得很美。

從來不曾有過——那種蓄意要美的心，但是，自從加入慈懿會的行列後，在與孩子的互動過程中，我眞切感受到一層「美」的學習，生命裡也燃起一種想重整的力量。

美，是我從「家族」中擔任慈誠爸爸的姚師兄，從他的身上得到很大的學習。

他是位設計師，知識淵博，美學造詣深，對人生哲理尤具深入見解；談笑間，有鴻儒的風範，溫煦而豐富，常帶給孩子們生活上美的智慧與啓發。

最記得有一次，孩子們有爭執，眼看干戈將起之際，他告訴孩子：「生氣就像咳嗽、打噴嚏一樣，是正常的，而且要發洩出來，不能忍，忍會生病。但是，發出來要有技術、有禮貌，尤其要很美——背對著別人、遮住口鼻，打完還要擦乾淨，不能弄髒……。」還有一次，因吵架鬧分手的孩子，情緒陷入了困境，向姚爸爸求救。

他勸導說：「能互相認識，即是有緣，而能在一起，緣分必定很深。當相處或溝通產生問題時，其實也就是加深彼此認識與學習成長的機會。」

「不過，不管有多親密，多麼捨不得，多麼久，終須一別。也許是因不合，或者因死亡，到時候當然會傷心，但不要勉強地抓住不放。抓不住的，留不下的，應該學習放得很美，很優雅。」這樣的觀點，不僅提供孩子一個新的思考方向，也讓我醒覺到——原來生命需要保留一種美的情懷。

以智慧釋放能量

有一位反叛性較強的孩子，姚師兄也曾單獨給他很受用的叮嚀語：「很高興你有自己的想法，不是人云亦云；更高興你的想法有反叛性，不是隨波逐流。很多人不敢有想法，因爲勇氣不夠；很多人不敢反叛，因爲不夠誠實。」

「有想法是好的，有反叛性也是好的，我爲你高興，但，同時也爲你擔心。因爲反叛性是一種能量，同樣的氣爆能量用在引擎，可跑可飛，造福人群，是美的能量；用在槍炮，可殺可炸，危害人群，是惡的力量。如果能量小，福禍僅在個人，若能量很大，造福危害的是很多人，務必特別小心。」

「能量的引爆也需要智慧。沒智慧也沒反叛性，並無大礙，我擔心的是沒有智慧而有反叛性，所以我讓自己誠心地臣服於佛法，用心修行，除在人群中學習外，還要下功夫，不讓外在環境困擾自己的心靈，這樣才能更有智慧地釋放自己的能量。」

「年輕的夢，我們都有過，你得自己作決定，我們相信你。」姚師兄用細膩的心思，找出了情與理上微妙的平衡，孩子聽了很心服地說，他很幸運，能聽到這麼不同的新觀念，也更了解自己了。

而笑容常常是人類最美的臉孔，我們常不小心用尊嚴或其他有關價值方面的理由，隱藏了它。慈誠爸爸有一套對微笑的說法：「每次，不論遇到任何人，我都認爲，也許這一生，只有這一次的相遇，或許這是最後一次，再也沒有機會照面了；所以，趕緊笑笑，或許我們誠摯的笑容，可以讓街上一位陌生的傷心路人，度過愉快的一天。」微笑是行善之始。

一封信傳授「功夫」

這個學期結束前，姚師兄給每位孩子一封信，希望他們在畢業前，用心修練下列三點「功夫」：

一、培養成熟的專業技術——要以世界水準來評估技術是否成熟，因為不成熟的技術會害人，更別說想助人了，須隨時和全球各地的同學相互評比，不要落後，這樣才不會落伍。

二、誠實的心——誠實是做人的基礎，這跟「美德」的可有可無不同。對自己誠實，就不會對別人虛假，別讓「我」用美好的藉口，將自己給騙了，小心！

三、助人的心——常把助人的心念擴大，就可以看到這世界有多麼的美好了。

孩子們都說，姚爸爸是充滿智慧的長者，給他們的信有麥克阿瑟為子祈禱文的風範，常點醒他們的盲點，使他們學會將生活過得很美，所以，大家都一再仔細捧讀。

我曾見慈誠爸爸向上人感恩頂禮，表示從孩子身上學習、成長了許多；他們把自己放下來，成爲一座橋梁，幫助他們走出下一步，這樣的眞誠，讓人歡喜、讓人感動。

陶淵明的桃花源是因誤闖而進，但慈濟世界是我們幾世紀前的夙願，願來此學習尊重生命的美與莊嚴。

愛人如己，念念關照

在接任懿德媽媽之前，我從來沒有機會去想，該如何來愛醫學院的孩子們，才不會辜負生命對我的恩待。直到有一回，在台北分會拜見上人，談到了醫學院的課程後，上人問我：「妳用什麼樣的心與孩子們相處？」霎時我心中一片迷茫，儘管我不斷地思索，不斷地考量，希望能找尋出一個最標準的答案。但是，答案在哪裡？我回答不出。

回家後，我馬上打電話詢問師兄師姐們，有位資深師姐毫不猶豫地回答：

「用慈濟心！」

另一位則告訴我：「用智慧！」

其他師姐又說：「眞誠的心！」

甚至於：「用大愛！」

還有師兄認爲是：「不影響他們！」

「媽媽的心！」

「平常心！」

這些都是出自他們肺腑的答案，讓我受益很多；從這些不同的答案，也讓我感受到——這些答案都是他們的心境寫照，而這個題目，根本沒有所謂的標準答案！這些都是答案，但是我知道，我無法直接採用，我必須重新探索出一種最具體的方式，來愛醫學院的孩子們。

我開始四處走訪各地的書局，大量翻閱有關教育、心理、哲學、宗教的書刊，希望能找到自己滿意的答案。然而，思維在文字中繞來繞去，依舊找不著出路，我感到相當遺憾！

有一天，偶然翻閱日記發現到一則記事，那是我的一個會員與上人之間的對話。會員問道：「我該怎麼求，才能開智慧？我每天讀了好多經典，也看了許多書，怎麼一點智慧都不見增長？」上人說：「智慧在你心中，而不是向外求來的。」

原來如此！我的思維必須向內探索。於是，我自問：到底我心中最大的愛是什麼？我最愛的人是誰？「是自己！」我終於找到了——我要用愛自己的心，來愛孩子們；我要用啓迪自己佛性的心，來啓迪孩子們的心。因爲，當一個人眞正懂得如何愛自己時，才會曉得爲自己多做好事，會常鼓勵自己，不讓自己生活在恐懼、焦慮不安的情緒中；因爲你懂得怎麼愛自己，才會知道用感恩的心，來讓自己知足、快樂。這就是我要的答案，但是，我得隨時提醒自己，莫讓愛自己的心扭曲了。

縱然，我從不曾完美過，而且也難免犯錯，但，我們要學習有勇氣從這些錯誤中獲得經驗，而不是因著這些錯誤，改變了我們正要努力的目標——努力愛自己，使自己更好。

我們還要學習放下有所求的心，讓心地清淨，保持明亮，才能看到清淨的世界。我們更要用宇宙最平實但永恆的定律——慣性定律，重複地、簡單地養成良好的習慣，來取代不好的習性，讓優點增加、缺點減少，讓自己更趨近理想！

這樣的努力，是愛自己、愛孩子的方向，也是鼓勵孩子們的一個好方法——讓孩子眞正學會愛自己，有勇氣作他自己，不被世俗功利所蒙蔽。這也是上人曾說的：「能自愛的人，才能愛人。」

別讓明天後悔

因爲有愛的滋養，與孩子的互動過程中，常有純眞的天籟。有一次，他們聚在學校的餐廳，似乎激烈地爭執著，臉紅脖子粗、表情激動。但看到我靠近，突然用靜默築成高牆，把情緒密封住了。

「嘿！孩子們，怎麼了，有事嗎？」

「沒什麼，沒事。」大家彼此望著對方。

於是我坐了下來，希望能感受到他們內心的碰撞，幾分鐘的沉默，終於忍不住自我解嘲：「唉呀，我今天情緒很糟，被人家罵笨蛋加白癡，再加笨蛋，兩個蛋耶，好慘！不知怎麼辦才好。」

「媽媽，別想了，妳一點也不笨，我們這裡有人才笨，誰知道豬八戒怎麼死的嗎？就是笨死的。」

「妳才是白癡加土包，土到死，還不知怎麼死的。」

眼看戰火一觸即發了……

「等著！到底怎麼回事呀？」

「媽媽，妳不要向我們說教，年輕人的世界，只有是與非、對和錯。白是白、黑是黑，絕對沒有中間色。」

「好，好，說得好，好氣魄！眞是豪氣干雲、壯懷激烈，佩服、佩服。想當年媽媽我也是這麼有氣魄的喔！敢說敢當，說話只要痛快就行，但是，現在回想起來，發覺說錯了許多話，也得罪了許多朋友，當年認爲對的，現在看來都是錯的，朋友都不理我了。怎麼辦呢？」話聲一落，大家哄然而笑，偃兵息鼓了。有個孩子悄聲對我說：「媽媽，這樣會說錯話，做錯事，怎麼不早些說，直接說就好了嘛！」

孩子們仍然會保持著自己認爲的黑與白、對與錯。可是話一出口，常常難以收拾，所以從小就養成口說好話，在他們未來的人生中，必然得到很大幫助。

第 8 章。凡事縮小自己

世間之物皆只是借用而已，

微塵人生，沒什麼好計較，

凡事縮小自己，就會海闊天空，

縮小到如微塵，即能深入人心。

要縮小自己像微塵、像奈米，才能讓眼睛看得見，才能進入人家的心，才能無孔不入。世間之物皆只是借用而已，微塵人生，沒什麼好計較，凡事縮小自己，就會海闊天空；縮小到如微塵，即能深入人心。爲人要苦幹，不要能幹，能幹之人只是付出功能，自我膨脹的結果，到處都容不下他；苦幹之人是付出良能，縮小自己與人合群，則事無不成。我們應將能幹提升爲苦幹，化功能爲良能，我所要的，正是能縮小自己如毫芒的人，而不是大樹。上人解析道，所謂「合抱之樹，發於毫芒」，毫芒種子落土生根，成長爲大樹後，就會開花結果，此即《無量義經》所說的「一生無量」之理。根有多深，樹就有多大；若是樹根淺短，只要一點風來，大樹就倒了。將一棵大樹斷根後，移植在精舍門口，不免就會很操心，擔心這棵大樹是否經得起風雨呢？

「所以說，毫芒就地生根，很穩當地成長，地下的根伸得廣，樹上的枝葉自然是很茂盛。我希望慈濟的精神能發揚光大，不論是千年、萬年，希望世間永遠都有慈濟，所以期待大家都是毫芒。」

現在的科學有所謂的「奈米」，可以縮到很小，又能發揮很大的功能。奈米就如毫芒，上人從內心眞誠地期待與祝福大家是奈米、毫芒或微塵，儘量縮小自己，發揮最大的功能。「愈是膨脹自己的人，我愈是會稱讚他：『你做得很好！你功德無量！』看看他能否因此縮小；若是沒有受我稱讚的人，則意味著師父感覺他的修養可以了。但我若稱讚他，希望將他搓得縮小再縮小，卻是搓很久了也縮不下來，這時我也不想再去搓他了。」

縮小自己解紛爭

人在匆忙中就會忽略身旁人的感受，有一次，老公開車送我去參加慈濟茶會，遇到塞車，我很緊張，因爲時間已太晚了。我就拜託他走捷徑；先右轉再左轉，可是他不聽我說，先繞左彎了，結果車子堵在途中，動彈不得。我很慌亂地喃喃自語：「完了，完了，這下遲到得太離譜了，」沒想到老公卻拉長臉說：「遲到是妳的事，自己爲什麼不早點出門？不要以爲做慈濟就很了不起。」，平時愛據理力爭，理直氣壯的我，一定會罵他幾句，然後負氣地下車，但是忽然想到上人曾說：「要理直氣柔，講理情就淡，贏了道理輸掉感情，划不來的。」於是硬忍下一口氣，趕緊柔顏悅色地說明道：「我沒有生氣，我是太緊張，我的表情只是太緊張。你載我出門，我感恩都來不及了，哪有資格生氣……，我就是修養不夠好，還會緊張，所以才要加入慈濟學習修行。」他愣住了一下，突然舉起大拇指說：「了不起，妳們師父眞了不起，我教了妳二十年都學不來，妳們師父，一下子就把妳調正了。」

縮小自己，不僅能讓自己進入到別人的心裡，還能進一步縮小人與人之間的鴻溝。

一位僑居美國的慈濟會員，聽說獨自在台工作的先生，有了外遇，想起當初兩人一起爲事業打拚的辛苦，愈想愈不甘心。倏然退了租屋、賣掉家具，帶著兒子束裝返國。

回台之後，先生詫異不悅，兒子也因適應不良而吵鬧不已。少婦覺得自己受盡委屈，痛苦無比。情急之下，直奔花蓮，來到上人跟前，「上人，我該怎麼辦？我跟著先生打拚創業，單獨在美國辛苦持家，而他竟然外遇，我是被他『軟土深掘』了！」

上人深看著她：「妳也不需太聰明，會說『軟土深掘』，可見，妳的土還不夠軟。」她回到台北，一五一十向我說了花蓮之行。並與我商議挽救家庭的對策。我嘗試向少婦解釋上人所說的，「軟土不夠軟」是因爲不夠謙卑。

回想少婦敘述所有經過時，總是自負的說著，自己對於公司及家庭的奉獻，於是我靈機一動：「那我們就來演一齣戲。」「從現在起，先懺悔自己，開口必說好話，完全不指責先生。記住，只說自己的錯。」

少婦回到家，一見先生進門，她耐著性子，低著聲氣：「我知道，都是我不好，不該擅做主張跑回台灣，讓你這麼不高興。」說著，開始嚶嚶啜泣。

「現在說這些有什麼用，妳都把孩子帶回來了。」先生一肚子氣。

「是我有欠考慮，我眞傻。」

「妳不是說妳很厲害嗎？」先生想起她一向的脾氣。

「我現在才知道自己是個笨女人，有這麼好的先生還不知珍惜……。」她哭出聲來。本以爲是戲，眼淚卻愈流愈眞，她已經好久好久不曾透過溫熱的淚水看先生。

先生本要帶孩子出去晚餐，見她涕淚滂泗，立在門邊邁不出腳步。

「好啦，好啦，也不全是妳的錯，我也有不對。」幾天來鼓漲的氣氛終於軟化。

先生體貼地問她：「要不要一起出去吃飯？」

「我吃不下。」

「那我幫妳到樓下買麵。」自她返台不曾過問她三餐的先生，竟會幫她買麵，她受寵若驚，感覺到那碗麵價值連城。

趁著先下樓幫她買麵的空檔，她趕緊打通電話給我：「再來怎麼演？」

「繼續演呀，縮小自己，才能進入妳先生的心。」

幾天後，我接到她的電話，她人在機場，與先生一起帶著孩子回美國，準備重新生活。

這是一段奇妙的因緣，我從未與她見過面，因爲這位少婦的「假戲眞做」，動了柔軟的眞心，感動了她心如鐵石的丈夫，讓我體悟到「縮小自己」的眞諦，我衷心的祝福她。

第 9 章。眺望遠方的自己

心靈若無法超越身體的習慣，

更遑論超越生老病死的追求呢？

打破習性，才能有更寬廣的自由心靈空間。

若以物質與心靈的分類，上人說：人可以分為四種：富中之富、富中之貧、貧中之富、貧中之貧。

我們曾經去探訪一個輔導個案，至今讓我記憶猶新，丈夫中風在床，太太侍候數年，儲蓄幾乎用罄，他們的住處雖然簡陋，但乾淨明亮。當我們說明來意時，太太雙手合十，一再感恩地說，社會局每個月給他們一萬多元，已很夠用，只需要精神鼓勵就可以，躺在床上的先生也斷斷續續地說，很感恩社會局的輔助，那是大眾的錢，要節省用。當她打開冰箱要請我們喝水時，我驚訝地發現冰箱空無一物，她還不停地說，只要先生病好了，也會一起出來做環保，回饋社會，好一對心無貪念的夫妻，他們沒有饑渴，沒有需求，只有感恩，只想回饋，那樣珍貴的人性，讓我肅然起敬，我體驗到有知足的人生是富有的人生。

簡單而莊嚴的生活

上人說：「東西是因人心的分別才有美醜、好壞。對人也一樣，喜愛的人，要以智慧斬斷強烈的占有欲；對不喜愛的人，要以善解的心去體諒。世間沒有絕對的公平，重要的是心要知足。」在日常生活中，上人教導我們：人的鼻子下面這一橫的嘴，像是塡不滿的洞。爲了貪「食的滋味」、滿足口腹之欲，不惜宰殺生靈，烹煮食用，造了多少殺業？人類的殺業共聚，導致戰爭惡果的出現，這就是因緣果報。若能疼惜動物，不殺害生靈，天地萬物共生共榮，世間就會很美。每一天，用餐前祈禱供養，餐後感恩，以之培養齋戒的心。同時以「龍口含珠、鳳頭點水」

龍鳳來朝的拿碗筷方式用餐，培養莊嚴又美麗的氣質。

簡單而莊嚴的生活，也可以從穿著上做到。在加入慈濟志業之前，我和一般追求時尚的婦女一樣，追求款式的新穎、隨性的打扮，而且非常怕熱，即使穿上了慈濟藍衣白領的志工服，也要打開頸項的第一顆釦子，才覺得舒服。

一次，師姐客氣的提醒我，扣上釦子才算服裝整齊，我立刻辯解，一顆釦子而已，無傷大雅，應該不算不整齊啦，該給身體一點自由。直到有一天遇見上人，上人問我怎麼沒將釦子扣好，我回答：「因為怕熱」，上人如往常一樣輕輕的對我說：「再熱，也不差那一顆釦子，但團體一致的整齊，卻因一顆釦子而破壞。」上人講的實在有理，於是不敢再多說，趕緊將釦子扣上。

奇怪的事也在此時發生了，其實並沒有我想像中的熱。一直以為要讓身體自由的我，在扣上釦子的刹那，心靈反而得到更大的自由，那是一個全新的開始。以前的我，以爲穿低領的衣服，才能散熱，是一種根深柢固的我執，縱容了身體的習慣，還以爲是自由，事實上，使我們的心眼如針孔般狹隘。心靈若無法超越身體的習慣，更遑論超越生老病死的追求呢？打破習性，才能有更寬廣的自由心靈空間。

心在舉手投足間

穿著端莊，行走時也要注意姿態，走路時心要放在腳下，手拿東西時，把心放在手上，開門時把心放在手與門上，心要時時放在舉手投足間、不離開身的動作。

與人相處要時時自我警惕，與人和氣，提升自我的形象，讓別人看了起歡喜心，讚歎氣質優雅，進而能與人親近。言談之間氣要和，心要定，因爲道在口中。大是大非要清楚，小是小非不要計較。

自己的住家也要維持「清淨的擺設和乾淨的環境，令人生起歡喜的感受，這是心靈的享受，如果能隨手清理周遭的環境，就能天天感受到付出後的喜悅。修行學佛，不在於找住的境界，最主要的是順應自然，每一個人都可找出一分自然之美。」

簡樸過生活，節約時間、睡眠與飲食，不縱容自己、不空過時間；把每一天都當成生命中最寶貴的一天來使用。

學過團體生活

有一次聚會時聽孩子們說，宿舍裡同學們正喧騰著要搬出去住，崔西也想搬出去，因爲室友太吵，床舖太硬，房間太簡陋。

「雖然她已經很小心地怕吵到我，但我對聲音很敏感。而且這裡離廁所遠，又沒有冷氣……我要租一間小套房，裡面有冰箱、冷氣、廁所，又可以一個人看電視，多舒服！」

聽到孩子的笑言，我拍拍她的手，試圖給她一把梯子：「唉呀呀！這讓我想起家鄉的小豬了，吃、喝、拉都在一個巢裡，看起來很方便，不用動就可以增肥了。」崔西笑了。

「但妳是否眞的想成爲這樣的人呢？我看過統計報告，曾住校舍過團體生活的人，因爲懂得與人相處，在社會上的適應力較強，升遷也比別人快，而且易得人脈。我們無法選擇以後所遇到的人盡符理想，所以要在年輕時儲備這樣的適應能力；不要把自己寵壞了，多交一些朋友，多給自己練習的機會呀！」

沃土上的種子不需長期的等待，崔西也許解開了迷惑，也許眺望到遠方的自己，她決定繼續住在宿舍中，並與室友成爲好朋友。

柔和忍辱衣

大慈悲為室　柔和忍辱衣
諸法空為座　處此為說法

上人常教示我們，外在的顯現是內心的表現，所以衣服要穿著整齊，在慈濟世界裡大家都認同穿制服，既簡單，又不須爲找衣服的款式而傷腦筋。

有一次從美國回來的靜誼師姐，穿著慈濟制服搭捷運，居然有人讓位，看起來年輕亮麗的靜誼師姐非常納悶：「難道我看起來很老嗎？」她一再推卻，但那年輕人堅持讓座，她很迷惑地問我們，大家想了半天推論：「也許是慈青（慈濟大專青年聯誼會）才會這麼好心讓座給師姑吧！」

當第二度搭捷運又有人讓位時，靜誼師姐忍不住問年輕人，答案居然是：「我天天看大愛電視台，知道穿這種制服的人，都是在爲社會做好事的人，所以我應該讓位。」慈濟的大愛與良善讓簡單的制服成爲人們尊敬的象徵，是大家始料未及的。

我曾經穿著慈濟制服在超級市場買菜，左挑右撿想買長相較好的青菜，突然從旁側傳來聲音：妳一定是慈濟的師姐。就憑這句話，我已不敢再繼續挑剔，打個招呼，隨手拿了幾樣青菜就離開了。

制服有時候也可以成爲自我戒律的底線。

第 10 章。眼睛看到的不準

當我們不再執著於眼睛之所見時，

才能走入心視界，觀照事件的本質。

你確信自己眼睛所看到的嗎？當證明你所見的是假象時，你會原諒自己的眼睛？還是理直氣壯地為它辯護呢？

猶記得那次住家大廈樓下失火，當我們坐著雲梯下來，驚心動魄之際，轉頭，瞧見後方巷口處停了一部滿載行李、家具的大卡車。有位女士坐在行李上觀望。「好厲害，居然這麼俐落地把家當都裝好，還綁到卡車上了。」鄰居黃太太首先驚呼了起來。

「這個時候逃命要緊，竟然還有心思去搬東西，眞是不可思議……。」大家七嘴八舌地評論那部卡車，我則暗自盤算：那樣裝卸行李，需要多少時間？

如果夠冷靜的話，也許站在陽台上等待雲梯的時間，已足夠取出重要的行囊……。但是怎麼可能？

第二天，住在隔壁區的同學打電話來，緊張地問候火災的情況。

「妳怎麼知道失火？是不是也被嚇到了？那是凌晨三點耶！」

「說來話長！我們剛好搬家，卡車路過妳們巷口，被消防車堵住了。」原已被結案的卡車記憶乍然湧現。「妳怎麼會在凌晨搬家？」我必須探求事證。

「那是看時辰、看床位的，聽說那個時辰是旺時——的確很旺，才會遇到大火，讓我堵在行李車上觀望。」原來如此，鄰居所看到的，不是那麼一回事。

還有一次，到餐廳聚餐，天熱口渴，大夥兒一口氣就把湯喝完，還把湯鍋端回廚房，吃到一半時，主人出來，看到我們的桌上沒有放湯，一再道歉，趕緊再去端一鍋出來，眼見的一切，若不加解釋，眞的是差之千里。這眞是最好的見證！我們都太容易被眼睛所騙了，總是讓它來當法官、作判決，而這世間所見的相與非相，卻常與事實相違。

這幾年，我逐漸體悟了達摩的十年面壁——眼睛變得微不足道，因爲他啓開了內心的眼，來窺入生命深處。上人也說：「用眼睛聽、用耳朵看。」當我們不再執著於眼睛之所見時，才能走入心視界，觀照事件的本質。

那麼，還需要誰來見證？

用心聽，不用耳朵聽

誰也想不到這麼巧，小弟的新女友竟然是阿審姐的老鄰居。這下可好，阿審姐是個熱腸子，一口氣可以把任何茶餘話題，捲成傳聲筒，像風一樣吹散在社區裡。這次，會不會輪到我家成為她話柄中的颱風中心呢？

「嗨！幸惠，妳知道嗎？妳小弟的女朋友，她們家可不是好惹的，妳們要小心點。她媽媽說她這個女兒好多人追，而且條件都比妳小弟優越。還有那天，妳弟弟送的珍珠項鍊，聽說是假貨，她要丟入垃圾筒。還說，她不一定會讓女兒嫁給妳弟弟……怎麼辦？」

怎麼辦？這種因緣的事，其實我也影響不了，跟她說：「隨緣吧！」傳回去，顯得太冷漠；回應說：「請多包涵。」似乎又太虛偽。不知該怎麼解釋才圓滿，我的心上下顛仆著，很難保持平衡，很擔心變成颱風眼，而壞了好事。

突然，想起上人曾說的：「不要用耳朵聽，要用心聽，才會聆聽到他背後所要傳遞的訊息。」

是呀！她只是很好心的告訴我，她很著急。我應該把問題擺在她的感覺，而非內容，更該好好感謝她的善意。

「謝謝妳對我們這麼好，妳眞是好心又正直，有妳這樣的朋友，我覺得很值得！如果可以出來推動公益活動，一定很出色。」她聽了之後，笑得很開心。

「是啊！人家都說我雞婆，其實我也是一片好意。我也在考慮，是否學妳一樣做慈濟，我應該很適合做慈濟……。」

我彷如已走出颱風眼，因爲後來聽說她已主動告訴對方：「他們一家都是好人，而且他姐姐在做慈濟，累積好多福報，妳女兒能嫁到他家，才是她的福氣……。」這事終於圓滿結束，也讓我體會到——不管發生任何事，只要不批判是與非、不下任何結論，一定可以聽到對方話語背後所要傳遞的訊息，而直接體會善意的心，不僅化解了困擾，更增上善緣。

第 11 章◦站到合適位置

身體站錯位子，可以用肉眼觀之；

心靈站錯方向，卻需要人的點醒。

記得多年前，花蓮有一則新聞報導——一位小孩高興地開門出外，迎接駕車回家的爸爸，沒想到爸爸沒看到孩子站的位置，也沒人叮嚀孩子站錯位置，於是脆弱的生命，就在車輪底下喪生，造成無可彌補的傷痛。

身體站錯位置，也許可以用肉眼觀之，但心靈站錯方向，有時候卻需要友人來點醒。

有一次義賣活動，帶領兩位見習委員前去幫忙，原先說好只是去體驗一下現場而已，沒想到，到了現場卻成爲主賣者。三個人大聲叫賣，不到一個鐘頭，便把一百多個粽子全賣光了，環顧左右其他攤位，居然還剩滿多東西，心裡不禁得意起來。

回家後，馬上居功地向組長報告：「爲什麼只讓我們賣一百個粽子，如果有三百個粽子，我們也會輕而易舉地賣完，好可惜！」組長卻笑笑地說：「要感恩啊！如果真的有三百個粽子，那妳們要熬到午後，多熱呀！讓妳們輕鬆不是很好嗎？」

聽起來，心中不太服氣，於是又打電話給總務長說：「如果我們三人今天都沒去，那這攤位就沒人照顧了……」總務長也笑著說：「要感恩啊！這些功德全讓妳們得，沒人與妳們分攤，多有福報呀！」

聽不到想聽的讚美，覺得不太甘心，又打電話給好友師姐，她居然說：「喂！妳到底想聽什麼樣的讚賞才甘心呀！做過了，還放不下嗎？」她的話猶如一盆冷水頓時從身上灌注而下，讓我檢視到自己的盲點，對呀！該算計的，不是做過的，而是心有沒有站對位置。上人說得好：「任勞容易，任怨難。」在慈濟世界裡，我曾見過已退休，但還在做環保的老伯，他看起來很年輕，因爲他的心站在很有活力的位置。他說：「職業可以退休，做人不能退休，因爲做人退休，就會成爲三等國民——等吃、等睡、等死。」他向我們標示了做人的位置，以及這世紀末所存活的大愛。

聚光燈下的盲點

在修行的道上，不論是出家或在家，當我們有機會站在台上講經論道時，在人群的簇擁、聚光燈的照耀下，常會看不到自己的盲點。

家住紐澤西的盧瑢師姐就有過這樣的經驗，那年她剛加入慈濟，想多了解佛法，於是參加其他道場所舉辦的六渡波羅蜜講經說法會，台上的法師首先談到六渡波羅蜜的佈施，舉了慈濟作爲例子，當他談及證嚴法師時，忍不住地批評慈濟，他認爲許多信徒的善款，全被慈濟吸走，因此其他弱勢團體無法募到善款。他提出許多觀點，作爲抱怨的佐證，使得兩小時的講經課程，變成評論慈濟大會。

台下原本想聽經取法的處瑢師姐，感到非常失望也很難受，今天來的目的不是這樣的，但又苦於尊重出家人，而且自己口拙，無法馬上提出自己的看法。依據她自己的了解，事實並不是這樣的。環顧四周，發現聽眾都很用心的在聆聽法師的開示，除了心疼上人被批評、慈濟的善舉被扭曲之外，眞的很擔心聽眾被誤導，而阻斷了更多人的善心和善念。好不容易等到法師下台休息空檔，當機立斷，趨前頂禮問訊，並稱自己是證嚴法師弟子，如果證嚴法師的作法有不圓融造成法師困擾的地方，在此替自己的皈依師父向法師頂禮致歉，並請法師諒解。當盧瑢師姐頂禮一拜時，法師趕忙跳開口稱；只因爲慈濟愈來愈大，期待他們會愈做愈好。

或許因爲盧瑢師姐此舉，讓之後的課堂才停止對慈濟的評論，而繼續講經說法。

姑且不論善款是否分配不均，事實上沒有上人呼籲，大眾的善款還是封在大眾的口袋裡，還好盧瑢師姐的及時善言懺悔，化解了不同立場、不同價值觀的偏頗，讓聽眾維持全方位的視聽。

面對翻滾不息的是非，消極的作法是搖頭歎息，這個社會需要的是勇氣及大智慧。但要留神的是，自己也要站在正知正見的位置。

好好輔導你自己

與孩子共同成長的過程中，除了愛，好像還欠些什麼，有天，拜見上人後，趁空檔，請求上人開示：「什麼樣的方法，才是對孩子們最有效的輔導？」

上人只簡潔地說了一句話：「好好輔導妳自己！」這句話深深震撼了我！霎時彷彿從無始無終的虛空中，回歸中心位置，從沉淪世界裡，找到了扭轉點。

原來，我們總是不斷向外追求，忘了向內找回自己。我們常常不知自己的心在何處，更不知爲何總處在惶惶不安的情緒中。我們從不曾向內探索，原來，一個最重要、最需要輔導的人，就是自己。

身教重於言教，其實好好輔導自己，才能扮演成功的角色，才能影響別人，不會誤人子弟、壞了孩子的慧命。

畢竟此生我們只能活一次，用這樣難得人身、美好的人身，好好輔導自己，永不停止學習，永不下結論的學習。如此，我們才能去除無知、無明，找到智慧，才對得起自己。

心念的靜定

周朝時代有位紀渻子，專門替周宣王飼養鬥雞。有一天，周宣王很高興的交給紀渻子一隻強壯的名種鬥雞，吩咐他用心訓練。過了數日，周宣王問道：「訓練成績如何?可以上場比鬥了嗎?」紀渻子回答：「還不可以，因為這隻雞血氣方剛，鬥志高昂，還不宜上場。」

再過幾天，周宣王再度探詢，紀渻子的回答仍是：「還不是時候，因為牠一看到別的鬥雞的影子，就十分衝動，所以還不能上場。」

又過了多天，周宣王再問，這次紀渻子說：「可以了，如今牠穩定沉著，看到其他的鬥雞，聽到牠們的聲音，牠都能心不躁動，就像是隻木雞一樣，所以，牠上場比賽必勝無疑！」

果然，這隻鬥雞上場之後就穩穩站立，任由其他鬥雞氣勢凶狠的百般挑釁，牠仍然像木雞一般如如不動，只沉穩地以銳利專注的眼神，莫測高深的盯住對方，讓對方自然的生出畏懼、後退，不敢攻擊，終至不鬥而勝。

萬物眾生的功夫皆能藉由不斷的訓練、精進而成就，從上述故事可知，連禽類都講究心念的靜定，何況是人呢？

人，一定要具備這份不瞋的涵養，切忌動輒心浮氣躁，如果能夠「大智若愚」地以寬容心去看待周遭的人、事、物，不怕人笑傻，不怕人苛待，自然會內修忍辱，外結好緣而遠離爭端，時時吉祥了。

心不隨三百萬轉

有一位弟子，匆匆忙忙地進靜思精舍，向上人稟報，有人要捐三百萬，請上人趕緊出來，上人回答說：捐三百萬，要趕緊出來，那麼捐三萬的，就要慢慢出來了？不能以捐款的金額，而有差別待遇，譬如有人捐一億，或許只占他所有財產的百分之一而已，也有人捐兩萬，那也許是他的全部財產。上人的一席話，點醒了我們心站對了位置，就不會被數字或權位所迷惑、流轉。

親密戰友

「有一個孩子，要辦休學去當兵，他成績並不壞呀！不知道是怎麼回事想休學……。」

我趕緊去探望他：「怎麼了？」

「我對前途沒信心，畢業之後，又能做什麼，所以再念下去，也沒什麼意義了。」

孩子的眼神飄向渺然不可知的遠方。

「那你的父母，贊成你休學嗎？」

「他們隨便我啦，反正現在全家人都在賺錢，只有我是在花錢的。我不想當米蟲，所以我想去當兵，每個月領的錢，還可以寄回家，盡一點力量。」

「他們需要你去賺錢嗎？你覺得，讓他們對你的前程抱著希望比較快樂；還是，只得到你當兵給的薪水比較開心？」

「我知道，我繼續念完大學，他們會比較開心。可是，目前，他們過得很不快樂，而我又解決不了他們的問題，所以，希望自己不要成爲他們的負擔。」

「所以，你覺得去當兵，可以解決問題嗎？」

「不是這樣，因爲那已經是幾十年累積的恩怨，我無能爲力，媽媽和奶奶一直合不來，而她們都很愛我。媽媽說，我得站在她這一邊，因爲她嫁來這裡，孤立無援，我是她唯一的親密戰友，要為這個家族作戰。奶奶則認為，只有我幫她煮好的菜，她才敢吃，不然，可能會被毒死。所以，我每天中午要帶便當回家給奶奶。晚上下課後，要聽媽媽訴苦，要幫奶奶作菜。他們都很可憐，但我不知道要救誰？人生這樣，到底對我有什麼意義？」

「孩子，莫待井枯念水源，每一個問題，都藏著解決的辦法，家是你生你長的地方，你要有改造的使命，而且，這也是讓你學習的一門功課，伸出你的援手，學習作為他們的橋樑吧！多用心，把媽媽的關懷，用愛的語言，傳達給奶奶。把奶奶的話轉化成感性的語言，回應給媽媽，甚至於請教媽媽，如何再多一些關心給奶奶，用愛的語言，情的呼喚，你就是一座愛的橋樑了。」

「她們會信任我嗎？過去已累積了那麼多的恩怨。」

「千萬別把過去的經驗當後視鏡，用它來指引路。每次的機緣都會不一樣。每個時刻，人的心念都在轉變，一定要用積極的心態去面對，就算一時看不到成果，日久，必能使家變得更溫暖和諧。」

或許我們無法控制風在大海中吹拂的方向，唯一可以調整的是心的帆船。將心的位置放好，朝著既定的方向駛去。

不久，孩子高興地說，家庭氣氛已逐漸改善，奶奶已開始吃一點媽媽煮的菜了，媽媽已有笑容了。

「太好了，親密戰友的防線，也該拆除了吧？」

「哦！不」他堅定地說：「我發現，我們才是眞正的親密戰友，對人生奮鬥的戰友。」

缺一不可的十指

猶記得第一次當懿德媽媽時，與十位陌生的孩子見面，內心極為焦慮，彷如所有的愛心面臨了盤點，教人措手不及：「家裡的一位媽媽，已夠嘮叨了，還來兩位……會不會太煩？」

「沒有一起過生活的媽媽，可以相信她的愛嗎？」

我陷入了複雜而無頭緒的思考中，惶恐難安。還好，上人臨前一再叮嚀：「以媽媽的心來愛別人的孩子，以菩薩的心來愛自己的孩子。」給自己多一點信心吧！

「嗨！孩子們，我們來自我介紹，請多一點思考，多一些創意，用最令人印象深刻的方法，讓大家記住你，好嗎？」在努力地經營氣氛中，突然發覺不知何時少了一位。趕緊打電話回宿舍找人，孩子在電話那端，慢條斯理地接話：「反正，你們已有那麼多孩子了，不差我一個嘛！我又沒去哪裡，只是回宿舍看書而已。」我愣了幾分鐘，望著緊握話筒的雙手，突然靈光一閃，想起位置的解決方式。

「那請問妳！妳有幾根手指頭？」

「十根呀！作什麼呢？」

「妳愛妳的手指嗎？」

「當然！」

「如果失去了一根會怎麼樣？」

「會痛！」

「是啊！你們十位孩子，都是我的十根指頭，缺一不可，會痛的啊！」她遲疑一下。

「好吧！我懂了，我現在就回去。」十位孩子，是十根指頭，缺一根或調換位置，都會失去功能，招來不便的。

第 12 章。知道還要做到

生命並不強調存在的重要，

只要付出愛心，就能把世界浮雕成天堂。

有一天，一位舊識的朋友來電求救，是婚外情問題。年輕的她在電話那端嚶嚶泣訴自己在婚姻中的委屈、無奈和不甘心，最後堅決地說：「只有離婚，才對得起自己。」彷彿這是唯一的救贖。於是我發揮在課堂上所學的傾聽、接納、分析、舉例等招數，希望能幫她解開心中的迷惑，將憾恨還諸天地。進言了幾個小時後，只聽她冷冷地回應一句：「妳很難了解我被踐踏的感覺，如果不離婚，我這輩子就改姓！」

聽到她的話，我頓時焦慮了起來，想到離婚後，一個單親家庭的苦惱。

「那麼離婚後，你們的女兒怎麼辦？」

「就跟著我，學習警惕這樣的教訓，以後別嫁這種丈夫！」

「那麼女兒在學校功課不好，怎麼辦？」

「請家教或上補習班啊！」

「婚姻也是人生的一門功課，妳要她學習負面的教訓，不如讓她學習在婚姻危機中，如何努力挽回的正面榜樣，人生無法事事如意，也許，這是她人生最大的學習。因爲身教重於言教啊！何況我們無法選擇會遇到什麼樣的人，但可以學習如何把惡緣化爲善緣。」

她突然沉默不語，牆上的鐘不知不覺已從昨晚七點指到今晨四點，天都快亮了。雖然，她一再抱歉耽擱這麼長的時間，但我還意猶未盡地希望她能努力挽回婚姻。

最後，她歎了一口氣，說：「好吧！爲了女兒，我會重新考慮！」這才掛斷電話。

一星期後，她來電謝我，因那夜的一席話，她已回到老公身邊。我聽了喜不自勝，很有成就感，並好奇地問她是哪句話奏效的？她想了許久，支吾其詞，最後才說：「其實我已忘了妳曾說過什麼，但最令我感動的是，陌生的妳爲了我的幸福，願意從傍晚聽我傾訴到天亮，這麼地愛我，那我又怎能自私地只愛自己呢？所以，我決定學習像妳們一樣，多愛別人，少爲自己煩惱，凡事往好處想，就會快樂。沒想到快樂的情緒也感染了先生，我們之間變得很容易溝通了。」一場婚姻恩怨就這麼化解了。

經過了這一事件，讓我深刻體會到，人與人之間的互動，如果只是用口，即使說盡天下眞理，也無法感動對方；若再加上一點行動，那麼即使對方當時聽不進去這些「金玉良言」，也能感受到我們話語背後傳出的訊息——眞誠的陪伴！

少批評多鼓勵

走過叢林，唯有善意和關懷，鼓勵百花開，才能溫熱人們疏離冷漠的心靈。從對方的錯誤中找出自己的責任來。那一回，我住的大廈歷劫火災後，住戶們爲了重建灰煙滿瘡的家園，籌組了「重建委員會」，以投票方式選出委員長，負責招標及監督工程。

沒想到，競選的過程非常激烈，在選出委員長之後，還是有人不滿意，經常在各住戶的信箱裡投下謾罵、批評的黑函，說什麼本大廈很不幸，選出了貪污的人。還匿名用驚心動魄的字句寫大字報，張貼在電梯口。住戶們每天要爬黑漆漆的樓層，又要看那像貼符咒般的大字報，人的心像被推入了無底的黑洞，鄰居們照面，都有鬱傷的疲憊。像荊棘般刺得人人心痛難安。

面對這些事情，我原本可以選擇奉行「百花叢林過，片葉不沾身」，視而不見、見而不動心，反正因緣一過，事件就會煙消雲散；但工作人員一定很惆悵，而且猜想得到，反對者一、兩人而已，多數是沉默的大眾。突然，我記起上人曾說的：好人要團結，才會有善的力量。何不藉此因緣鼓勵委員長，讓他們能安心地把大廈整建好。

於是，我也寫了匿名的大字報，張貼在電梯口：

「各位鄰居們，這次的火災大家都受到驚嚇，在這樣慌亂中，我們是否更要團結一致、同心協力地支持委員長，多用感謝，少批評、多鼓勵，在異中求同，幫助他早日順利地重建我們的家園。如果同意此觀點者，請簽名。」

張貼後，第一天竟然沒人簽名。

五千年來中華民族以「靜默爲善、無聲爲美」的習慣，眞讓我領會了。於是第二天，我把自己的名字先簽上去，「五樓贊成」，第三天就有六、七樓的住戶也簽名表贊成，接著簽名的人愈來愈多，甚至有人加寫：「太好了，早就要這麼做」、「我舉雙手雙腳贊成」、「我們支持到底」等語。

我每天都很開心地去瞧那張字報下的簽名風光，像尋幽攬勝般，好不快樂。直到那張表簽滿了，黑函也不見了，我想任務已達成，該取回做紀念時，碰巧見到委員長的太太正取下海報，她神采奕奕地告訴我：「我們這幢大廈住著一位貴人，發出正義之聲，所以那些黑函就都不再出現了。其實，我們也跟妳做慈濟一樣，想爲大廈貢獻一份心力，但被這些黑函弄得心灰意冷，幹不下去，正想辭職。還好有人及時出聲，而且有這麼多住戶聯名贊成，使我們重獲信心，可以放心去做。我們想請管理員用字跡去查那位仁兄住幾樓，當面向他致謝。」

我只好趕緊承認字報是我寫的。她一臉的錯愕：「那爲什麼妳也簽名？」

「爲了帶動啊！」她恍然大悟般，一連串的拍手頓足，「唉呀！唉呀！我怎麼沒想到，這是慈濟委員才會做的事！」接著她一直讚歎上人，爲人間的付出，教化了慈濟委員，是眞正的菩薩，她很感謝上人，我更感恩自己是慈濟委員，才能受到上人的教誨，有勇氣去關懷周遭的事物，體恤身旁的人。在這次事件中，我還有更大的收穫——工作人員更用心地爲大廈重建了更美好的環境。我得到更大的快樂。

大道無門，千差有路，世事蘊含玄機，一切事在人爲。與其埋怨社會的黑暗，不如起而力行，及時鼓勵周圍的人，當回眸再望來時路，會確切地感受到自己眞實地存在——是走過百花叢林道上，快樂的行人。

誠懇的心就是眞心

與學校的懿德孩子初次見面時，總覺得自己已遠離他們的青春經驗，擔心自己會不會不懂他們的想法？孩子能不能了解我們的善意？

偶爾回頭，瞧見慈誠爸爸與孩子們，像父子、又像哥兒們般，親熱地拍肩環背，連球場上的話題，也聊得處處生輝，讓我很難不懷疑——這樣的角色，是虛是實？

上人曾說：「天底下，沒有眞與假，有誠懇的心，就是眞。」又說：「人性之美，美在眞誠。」是眞是假？剎那心念，即是人間美事。

所有的愛將落實在我們相處的時光裡，我也同時醒悟：原來，並不需要了解一個人才能愛他；也不需要改變對方什麼，才能夠和他快樂相處。唯有無所求的愛，才是最眞摯的愛啊！

這群醫學院的孩子當初之所以選擇讀醫，想是基於尊重生命的初衷，我告訴他們要好好愛護這一念善心，要確切地謹記：「幫助我們成長的，不是已擁有的，而是今後做出來的。」孩子們，我們這一世生命，並不就是輪迴的終站，因爲今世的生存之旅僅是永恆的一段過路，我期許，因著這樣的愛，你我的相遇將成爲生命裡一段美好的時光。承負著歷史的我們，將用生命，在今天、明天，以至於千秋萬世，驗證出一條通往快樂之道，因我們有緣——相遇在慈濟！
生命啊！也請讓我與孩子們，合唱一首感恩的歌：
感恩的心，感謝有你，伴我一生，讓我有勇氣作我自己。

努力永遠是自己的

曾有個優秀的孩子，疑惑地問慈誠爸爸說：「學校公物，我們用完都保持乾淨的，但是，別人並不如此，用完也不收拾，一旦學校發現怪罪下來，對我們並不公平啊！」慈誠爸爸說：「學校公物是學校給學生的一份尊重，所以，愛惜它，是學生的本分。如果，別人把它弄髒了，你就把它清乾淨。如果你擦了一年、兩年，仍然沒影響任何人來關心它，或沒有人與你一起清淨，你繼續擦，即使你一個人獨自擦洗了四年，一直到畢業，也根本沒有人受影響，那也沒關係。孩子，你相信我，當你到了三、四十歲時，你一定發現，怎麼有這麼多的東西，都是屬於你的。」

這是事實，因爲我們會收割自己所播的種的。毋須懷疑，做，就對了。

天堂的詠歎調

「一閃一閃亮晶晶，滿天都是小星星……。」

「每天做一件好事情，天上就多了一顆小星星，如果，要天上多一些小星星，每天就要多做幾件好事情。」

有一回，我們一行十三人，從加州沿著航線來到傳說中如天堂般的夏威夷，希望尋覓出島嶼諸樂的奧義，希望找到亙古不變的美景。

當我們步入慈濟茶會現場時，穿著志工服的范濟榮醫師正高舉著布條布置會場；陳照雄醫師在打掃場地；許多慈誠師兄忙著倒茶水、招呼客人。

其他的醫師也認眞地練習手語，或充當司機接送客人；進入這樣的畫面，忽然間，我們不知身在何處……。太感人了！難怪慈誠隊長濟信師兄說：「在這裡的醫師們已經沒有身段了！大家一起打掃廁所、撿垃圾、指揮交通、爲送孩子來人文學校上課的家長們開車門……這麼多人無所求地付出，家長們也很難不放下自己，加入工作行列，做得不亦樂乎！」

當身處在天堂的光暈裡，還懂得開發內心的善與美，實爲人間難得之事。身爲畫家的慈欣師姐說：「住在夏威夷的孩子也會得癌症，我們應該感恩自己的孩子很健康，並把這份厚愛分享出去，讓無法掌握的生命藉由慧命來延續。而且，實踐慈濟的精神理念，才能讓大家知道，夏威夷不只有藍天、白雲、椰子樹，夏威夷也在做什麼。」

二十五歲就拿到博士學位的慈光師姐，當初深受黃執行長的一席話感動，會後便向他表示：「我要做慈濟，但不要問我爲什麼要做？只要告訴我，要怎麼去做？」幾個月來，她也感覺到慈濟可以實現自己昔日的慈善理想，而且是條永不後悔的路。

負責人范濟榮醫師也說：「不用去探索先有雞，還是先有蛋？只要問自己要選擇雞，還是蛋？」追尋萬壑爭流的理論，只會迷失方向而空無所獲，所以，他堅定地選擇了慈濟。

由於參與慈濟的各項活動，許多人心靈背負的重擔，得到解放；很多心靈的創傷，得到撫平；還有一些遙遠的夢境，得到實現。

濟仁師兄因加入慈濟，戒掉三十多年的菸癮，並發心親手做旗桿座供聯絡處使用；有位師姐原諒了曾令她失望的先生；還有慈義師姐，三十年前在花蓮遇老委員向她勸募時，曾說捐款就像是「繳了會錢又不能標」，一直未加入會員，等了三十年，終於等到了慈濟，兒子也因加入慈青而改變；陳誠正醫師更將初生的兒子取名「信實」，以效法慈濟「誠正信實」的精神。

三天三夜的行程下來，來自洛杉磯的廖師兄有很深的驚歎：「原以為這是趟天堂之旅，沒想到是感動之旅。一直以為醫師是最難有平常心的，現在知道人的天性本無不同，慈濟是展現自己理想最好的舞台。我們只須問自己要不要去做，不必等待。況且，生命是可以等待的嗎？」就像來自波士頓的師姐所說的，寧可努力做到頭髮變白，也不要讓日子白過。

而我因前一天還參與墨西哥貧困山區的物資發放，此刻就在這傳說中的天堂了，更深深地體會到，原來生命並不強調存在的重要，只有付出愛心，才能把世界浮雕成天堂。

俯仰這方天地間，已不感覺疏離，但見青山是一髮，海浪如絲，白雲深處，聽見天風正在唱著兒歌：「如果要天上多一些小星星，每天就要多做幾件好事情……。」

啊！原來亙古不變的眞義，是在於無我無私的旋律，那是快樂天堂的詠歎調！無我無私，才能無有眾苦，但受諸樂。

〔後記〕不平常的法師

一九八九年夏天，初中時期的好同學自美返台，邀我們這群愛玩的死黨，一同到花蓮玩，順道去看一位聽說很了不起的師父，於是大夥兒都穿上最亮麗的服裝，爭奇鬥艷、興高采烈地出發了，還記得當時剛從香港買了一件很時髦的上衣，正愁沒機會亮相。那是綴滿玻璃的衣服，配著同系列的耳環，加上十指掛滿十個不同的戒指，活像一顆五彩繽紛的聖誕樹，虛榮透了。

到了花蓮慈濟醫院，招待我們的慈濟師姐告知我們，今天見不到法師，因為他身體不舒服。可是不久，卻在佛陀問病圖的壁旁，距離我們三十公尺處，我看到了他，一位個子瘦小，在幾位出家師父中，氣宇非凡，目光如炬，我想一定是他，我立刻提醒慈濟師姐，於是她快步趨前，到了跟前，立即跪拜頂禮，我一時僵住了，這到底怎麼回事？這裡搞個人崇拜嗎？在此同時，另一位師姐也帶來五、六位穿著珠光寶氣的太太圍了過來（那時代是以服裝看氣勢），「師父、師父！我帶這幾位董事長夫人們來捐款。」，我當下馬上觀察師父的表情，他表情不變，非常平常地轉過頭去禮貌地點頭，又回頭繼續我們美國回來的話題，後來聽他輕聲地說：「我身體不適，很久沒來，現在該去巡一下病房了，請您們多來了解。」跟大家點頭就走了。

我當場愣在那裡，感到不解，因為在我的生命經驗裡，每當我母親帶我們幾個小孩到廟裡，奉上捐款，他們揚起眉毛的笑容就很不一樣，不僅帶我們進另個房間奉上好茶，還奉送點心。今天有這麼多的貴賓來捐款，法師平常心的不平常態度讓我印象深刻。沒想到，這一次的因緣，讓我開始體驗了很不一樣的人生。

一切都是觀念而已

追隨上人十五年，最記得上人常說：「一切只是觀念而已。」以前我的生命，總是迷茫地企盼著，事事如意，心想事成，最理想的是，一伸手每個願望都可以得到滿足。

但是這人生，事事挫折，身心無奈，太多的天災、人禍，讓生活不堪一擊，往往顛覆著活下去的理由。

可是，有些人能輕易應付生命中的最大考驗，有些人卻連最小的挫敗也認為是生死相關的大事？是什麼原因有人得以在逆境中再出發，但有些人卻受困在怨天憂傷裡，而從此一蹶不振？

其實，為生命找答案有方法，就是讓觀念改變，增進面對艱苦和危難時的身心承受能力，即所謂的挫折復原力。那是一種心智的力量。人只要活著，就應該學習增強的能力。因為所有的內心抗爭一消失，外在環境也會隨之不同。

慈濟在團體共行、共修中，有互相鼓勵、陪伴的力量。是一種體現生命價值的人文，是現代智者文明，上人的法語是導引我們人生的方向。然後答案在實踐中就會恍然明白。

本書是獻給無法自煩惱中解脫的人，希望有你可以借鏡的案例，而能陪伴你走出內心的憂傷。這些都是真實的故事，也許所舉的微不足道，也許不一定能與你產生共鳴，可是我已經不會困在挫折裡了。

不過在此虔誠地希望你跟我一樣，滿懷期待的欣賞生命給他們的答案，也許那也是我們自己的答案，那是本書最大的期盼。

附記

慈誠懿德會：他們是證嚴法師遴選的一群教育志工，平均每八到十位醫學院學生就有一位慈誠爸爸和兩位懿德媽媽，藉著例行聚會和平常假日的不定期相聚，關心並協助多數離家求學的孩子適應環境、發展自我。

國家圖書館出版品預行編目資料

答案：生命隨心轉／林幸惠著. --
二版. -- 臺北市：聯合文學. 2024.01
208面；14.8×21公分. -- (繽紛；084)
ISBN 978-986-323-593-4 (平裝)
1.人生哲學-通俗作品
191.9　　113000566

答案：生命隨心轉

作　　者／林幸惠
發 行 人／張寶琴
總 編 輯／周昭翡
主　　輯／蕭仁豪
編　　輯／林劭璜　王譽潤
資深美編／戴榮芝
版權管理／蕭仁豪
業務部總經理／李文吉
發行助理／林昇儒
財 務 部／趙玉瑩　韋秀英
人事行政組／李懷瑩
法律顧問／理律法律事務所
陳長文律師、蔣大中律師
出 版 者／聯合文學出版社股份有限公司
地　　址／臺北市基隆路一段 178 號 10 樓
電　　話／（02）27666759 轉 5107
傳　　真／（02）27567914
郵撥帳號／ 17623526 聯合文學出版社股份有限公司
登 記 證／行政院新聞局局版臺業字第 6109 號
網　　址／ http://unitas.udngroup.com.tw
E-mail:unitas@udngroup.com.tw
出 版 者／靜思人文志業股份有限公司
地　　址／台北市忠孝東路三段 217 巷 7 弄 19 號
電　　話／（02）28989888
傳　　真／（02）28989889
郵撥帳號／ 336540193688 互愛人文志業股份有限公司
網　　址／ http://www.jingsi.com.tw
印 刷 廠／瑞豐實業股份有限公司
總 經 銷／聯合發行股份有限公司
地　　址／ 231 新北市新店區寶橋路 235 巷 6 弄 6 號 2 樓
電　　話／（02）29178022

出版日期／ 2005 年 5 月　初版
2024 年 1 月　二版一刷第一次
定　　價／ 350 元

ISBN 978-986-323-593-4（平裝）